水土保持科学系列丛书
南京水利科学研究院出版基金资助

基于深度学习的扰动图斑提取算法和识别策略研究

金 秋　卢慧中◎著

河海大学出版社
HOHAI UNIVERSITY PRESS
·南京·

图书在版编目（CIP）数据

基于深度学习的扰动图斑提取算法和识别策略研究 / 金秋，卢慧中著. --南京：河海大学出版社，2024. 12. --（水土保持科学系列丛书）. -- ISBN 978-7-5630-9485-1

Ⅰ. F321.1

中国国家版本馆 CIP 数据核字第 2024UP1148 号

书　　名	**基于深度学习的扰动图斑提取算法和识别策略研究**
书　　号	ISBN 978-7-5630-9485-1
责任编辑	曾雪梅
特约校对	薄小奇
装帧设计	徐娟娟
出版发行	河海大学出版社
地　　址	南京市西康路 1 号（邮编：210098）
网　　址	http://www.hhup.com
电　　话	（025）83737852（总编室）　（025）83787103（编辑室） （025）83722833（营销部）
经　　销	江苏省新华发行集团有限公司
排　　版	南京月叶图文制作有限公司
印　　刷	广东虎彩云印刷有限公司
开　　本	710 毫米×1000 毫米　1/16
印　　张	8.5
字　　数	130 千字
版　　次	2024 年 12 月第 1 版
印　　次	2024 年 12 月第 1 次印刷
定　　价	62.00 元

前　言

　　水土保持信息化监管是水土保持工作的重要内容，是法律赋予水行政主管部门的重要职责，是遏制人为水土流失、保护生态环境的重要行政手段。扰动图斑是生产建设项目信息化监管基础数据，目前扰动图斑解译生产仍以传统人机交互目视解译为主，其工作效率低、成果标准不统一，难以满足新时期新形势下水土保持信息化监管需求。突破扰动图斑解译生产的传统工作模式，实现扰动图斑解译生产自动化、批量化，是目前生产建设项目信息化监管中亟待解决的重要问题。

　　本研究针对生产建设项目扰动图斑这一对象，从目标识别和变化检测两种思路出发，分析单时相和多时相遥感影像的生产建设项目扰动图斑邻域、时序等图像特征，分别建立目标识别和变化检测生产建设项目扰动图斑数据集。确定目标识别和变化检测扰动图斑识别策略，筛选最优深度学习训练评估超参数，对比 Unet、Unet ++、Unet3 + 深度学习语义分割模型精度评价指标，研究生产建设项目扰动图斑的自动快速识别技术，提出最优扰动图斑识别策略，以期为生产建设项目扰动图斑自动识别分类、提取提供技术支撑。具体研究内容及结论如下：

　　（1）基于单时相遥感影像的扰动图斑目标识别研究。应用 Unet、Unet ++、Unet3 + 三种深度学习网络模型进行目标识别模型训练、验证和预测，调整网络模型超参数，进行扰动图斑特征提取。全面评估三种网络算法对扰动图斑的识别效果，分别选择在 Unet、Unet ++、Unet3 + 训练预测中表现最优的超参数结果进行对比分析。在所有评价指标上，Unet 表现最优，Unet3 + 次优，Unet ++ 最差。在模型训练效率上，计算参数量量级相近的 Unet 与

Unet++网络模型训练时间大致相同,Unet3+因网络结构最为复杂、参数量最大,训练时间最长。在预测结果的表现上,Unet网络模型分割边界波动最小,无明显破碎情况,存在少量误检、漏检,冗余特征提取较少,预测结果接近标签图像;Unet++和Unet3+分割边界与之相比波动较大,有不清晰、破碎现象,有较多冗余特征被误检,部分预测结果与标签图像存在较大差异。

(2) 基于多时相遥感影像的扰动图斑变化检测研究。应用 Unet、Unet++、Unet3+三种深度学习网络模型进行变化检测模型训练、验证和预测,调整网络模型超参数,进行扰动图斑特征提取。全面评估三种网络算法对扰动图斑的识别效果,分别选择在 Unet、Unet++、Unet3+训练预测中表现最优的超参数结果进行对比分析。在所有评价指标上,Unet 表现最优,Unet3+次优,Unet++最差,但 Unet3+因网络结构最为复杂,训练时间最长。在预测结果的表现上,Unet 网络模型分割边界清晰平滑,无误检、漏检,无冗余特征,预测结果接近标签图像。Unet++ 和 Unet3+分割边界不清晰、破碎,有大量冗余特征被误检,预测结果与标签图像存在较大差异。

(3) 最优扰动图斑识别策略研究。针对水土保持生产建设项目扰动图斑从识别效果、实际工作需求、应用难度等方面进行最优提取策略分析。遥感影像质量满足需求、需要精细化认定结果时,可采用变化检测识别策略下的 Unet 深度学习模型作为水土保持生产建设项目扰动图斑提取最优模式;遥感影像质量不佳或仅有单时相遥感影像,需要快速确定扰动区域的,宜采用目标识别策略下的 Unet 网络模型;当训练数据集足够支撑模型训练时,可酌情考虑 Unet++与 Unet3+神经网络模型。

本书的出版得到了南京水利科学研究院中央级公益性科研院所基本科研业务费专项资金项目(Rc923003、Y923005)、湖泊与流域水安全重点实验室开放基金项目(NO.2024SKL011)、南京市水务科技项目(202303)、江苏省青年科技人才托举工程项目(JSTJ-2024-090)和南京水利科学研究院出版基金资助。南京水利科学研究院的雷少华、徐春在本书研究方法上提供了帮助,在此一并表示感谢。

目 录

0 引言 ·· 001

1 绪论 ·· 005
  1.1 国内外研究进展 ·· 006
    1.1.1 人工智能方法研究进展 ·· 006
    1.1.2 多时相遥感影像变化检测研究进展 ························· 009
    1.1.3 深度学习算法在水土保持扰动图斑提取方面的应用 ··· 013
  1.2 研究内容及技术路线 ·· 015
    1.2.1 研究内容 ··· 015
    1.2.2 技术路线 ··· 015

2 研究方法及数据处理 ·· 017
  2.1 研究区概况 ·· 018
    2.1.1 地理位置 ··· 018
    2.1.2 地形地貌 ··· 018
    2.1.3 气象 ·· 019
    2.1.4 河流水系 ··· 019
    2.1.5 土壤植被 ··· 019
    2.1.6 水土流失状况 ··· 019
  2.2 研究方法 ··· 020

    2.2.1 深度学习计算原理 ·············· 020
    2.2.2 Unet、Unet++、Unet3+网络模型 ·············· 036
  2.3 多时相遥感数据收集 ·············· 041
  2.4 遥感数据预处理 ·············· 042
    2.4.1 大气校正 ·············· 042
    2.4.2 几何校正 ·············· 043
    2.4.3 深度转换 ·············· 044
    2.4.4 直方图匹配 ·············· 044
  2.5 数据集制作 ·············· 045
    2.5.1 扰动图斑数据集 ·············· 045
    2.5.2 数据集标注 ·············· 047
    2.5.3 数据集增广 ·············· 050
  2.6 运行环境 ·············· 051
    2.6.1 飞桨平台简介 ·············· 051
    2.6.2 电脑配置 ·············· 051
  2.7 精度评价指标 ·············· 052
  2.8 本章小结 ·············· 054

3 基于单时相遥感影像的扰动图斑目标识别研究 ·············· 055
  3.1 Unet 训练 ·············· 056
    3.1.1 训练过程 ·············· 056
    3.1.2 精度评价 ·············· 057
    3.1.3 预测结果 ·············· 061
  3.2 Unet++训练 ·············· 063
    3.2.1 训练过程 ·············· 063
    3.2.2 精度评价 ·············· 063
    3.2.3 预测结果 ·············· 067

3.3　Unet3+训练 …………………………………………………… 069
　　3.3.1　训练过程 …………………………………………………… 069
　　3.3.2　精度评价 …………………………………………………… 069
　　3.3.3　预测结果 …………………………………………………… 073
3.4　目标识别策略模型效果分析 ………………………………… 075
3.5　本章小结 ……………………………………………………… 077

4　基于多时相遥感影像的扰动图斑变化检测研究 ……………… 079
4.1　Unet训练 ……………………………………………………… 080
　　4.1.1　训练过程 …………………………………………………… 080
　　4.1.2　精度评价 …………………………………………………… 081
　　4.1.3　预测结果 …………………………………………………… 084
4.2　Unet++训练 …………………………………………………… 087
　　4.2.1　模型参数 …………………………………………………… 087
　　4.2.2　精度评价 …………………………………………………… 088
　　4.2.3　预测结果 …………………………………………………… 092
4.3　Unet3+训练 …………………………………………………… 095
　　4.3.1　训练过程 …………………………………………………… 095
　　4.3.2　精度评价 …………………………………………………… 095
　　4.3.3　预测结果 …………………………………………………… 099
4.4　变化检测策略模型效果分析 ………………………………… 103
4.5　本章小结 ……………………………………………………… 106

5　扰动图斑识别策略研究 ……………………………………………… 107
5.1　目标识别与变化检测精度对比 ……………………………… 108
5.2　策略分析 ……………………………………………………… 109

6 结论与展望 ·· 111

    6.1 结论 ·· 112

    6.2 展望 ·· 113

参考文献 ·· 114

附图 ·· 123

0 引言

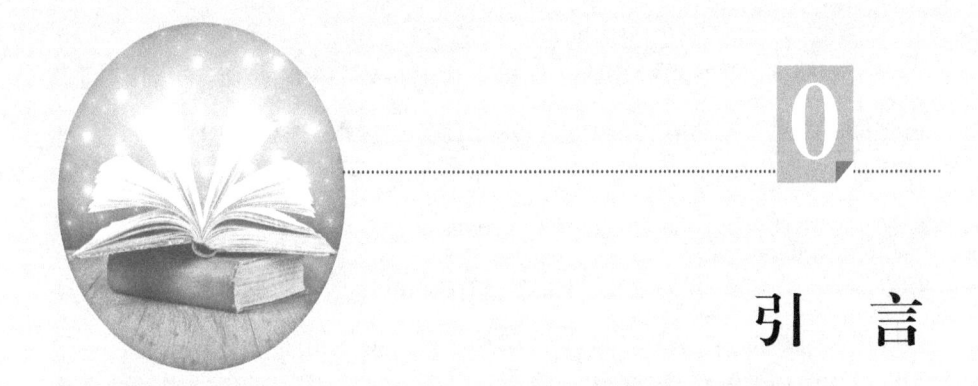

水土保持信息化监管是水土保持工作的重要内容，是法律赋予水行政主管部门的重要职责，是遏制人为水土流失、保护生态环境的重要行政手段。扰动图斑是生产建设项目信息化监管基础数据，《生产建设项目水土保持信息化监管技术规定（试行）》中明确规定，扰动地块指生产建设活动中各类开挖、占压、堆弃等行为造成地表覆盖状况发生改变的土地；扰动图斑指扰动地块在信息化监管专题成果图上的反映。

生产建设项目信息化监管工作任务十分繁重，特别是扰动图斑解译生产。自 2021 年起，除水利部每年组织开展 1 次覆盖全国的生产建设活动卫星遥感监管，中西部地区、东北三省、北京、天津和河北每年至少组织开展 2 次监管，其他省份每年至少组织开展 3 次，以实现生产建设项目水土保持遥感监管的高频次全覆盖。目前扰动图斑解译生产仍以传统人机交互目视解译为主，其工作效率低、成果标准不统一，难以满足新时期新形势下水土保持信息化监管需求。突破扰动图斑解译生产的传统工作模式，实现扰动图斑解译生产自动化、批量化，是目前生产建设项目信息化监管中亟待解决的重要问题。

自 1980 年以来，随着越来越多的卫星发射升空，各国大力发展对地观测技术，力求实现"高光谱、高空间、高分辨率"[1]和"多平台、多角度、多传感器"[2]的目标。遥感图像作为一种数据信息，涵盖了大范围的地表信息，携带着丰富的数据量，涉及地质、环境、海洋、农业等诸多领域，可以直接便捷地获取地貌特征等相关信息。高分辨率遥感卫星影像已经在国土资源调查、自然灾害监测、国家安全等领域发挥了极大作用。就遥感影像在水土流失动态监测与生产建设项目监测领域的应用而言，如何从大量的遥感影像数据中获取地表信息，并精准快速全面地提取出新增建设用地等扰动图斑，不仅是遥感影像应用的核心环节，也是后续关键工作深入展开的前提。随着水土流失监测对土地利用遥感监测的范围、频次的需求不断提高，遥感数据日益增多，而人工目视解译人力物力成本高、解译成果主观性强等缺点却愈发突出，已不能满足水土流失监测工作的实际需要。

以数据模型为驱动、以大样本为基础的深度学习等方法通过自动学习目标的遥感表征，能够智能化地实现地物信息的提取和挖掘。近年来随着计算机硬件水平的提高，计算模型的不断完善，卷积神经网络凭借可自动学习并提取特征的能力，其重要性地位日益凸显。卷积神经网络被广泛应用于语义分割、物体检测、目标提取、文字识别等任务。部分学者将为图像识别与目标检测建立的带标签样本库与深度学习算法有效结合起来，在图像目标检测任务中取得了巨大成效。将遥感和深度学习技术相结合，能够有效克服扰动图斑解译过程中人工目视解译工作模式费时费力、主观性强等问题，实现对扰动图斑快速精准全面的提取，为水土流失监测提供强有力的数据支撑，对生产建设项目水土保持信息化监管工作的提质增效具有重要意义。

本研究针对生产建设项目扰动图斑这一对象，从目标识别和变化检测两种思路出发，分析单时相和多时相遥感影像的生产建设项目扰动图斑邻域、时序等图像特征，分别建立目标识别和变化检测生产建设项目扰动图斑数据集。利用三种典型深度学习模型，检验不同模型训练和应用效果。最后，对两种扰动图斑识别策略的精度进行对比分析，提出最优扰动图斑识别策略，以期为生产建设项目扰动图斑自动识别分类、提取提供技术支撑。

1 绪 论

1.1 国内外研究进展

1.1.1 人工智能方法研究进展

从高分辨率影像中自动提取所包含的地物信息已成为一个重要且具有挑战性的研究领域。近年来,国内外学者致力于实现地物信息提取的高精度、高效率、强泛化性,提出了将机器学习方法和深度学习等一系列先进的模型算法应用于地物信息提取[1-2]。

1) 机器学习方法研究现状

机器学习方法是人工智能方法的一个重要分支,20世纪80年代,机器学习成为人工智能的一个独立方向。机器学习的研究起初以层次聚类算法[3]、SLINK[4]、CLINK[5] 等无监督学习为主。之后研究重点变为有监督学习,即先人工设置样本标签,再训练分类器,最后使用随机森林[6]、条件随机场[7]、支持向量机(SVM)[8] 等分类器对实验数据进行地物信息提取。以 SVM 算法和 AdaBoost 算法最具代表性。1964 年,Cortes 等[9] 对广义肖像算法进行了进一步讨论并建立了硬边距的线性 SVM,通过在多维特征空间中寻找间隔最大的超平面来进行分割以实现分类,在不同核技巧的配合下可以实现非线性分类。20 世纪 90 年代 Freund[10] 提出的 AdaBoost 算法能够将预测精度仅仅比随机猜测略高的弱学习器增强为预测精度很高的强学习器,在直接构造强学习器较为困难的情况下,为学习算法提供了一种有效的新思路和新方法。

利用机器学习算法实现高分辨率影像中的建筑物提取主要有以下四种方法。①多尺度分割方法：将遥感图像分割成小块，每一个小块作为一个单元进行分析，逐渐通过建筑物自身的几何形状、纹理特征等提取出符合规则的建筑物目标。商业软件 eCognition 的多尺度分割方案在业界得到广泛认可[11]，eCognition 中嵌入异质性最小区域合并的多尺度图像分割算法，从像元开始由下至上、逐级区域合并，经过多次迭代过程，生成一定尺度的语义基元对象，在对图像进行多尺度分割后建立规则集，实现建筑物斑块提取。②基于边缘检测和角点检测匹配的提取办法：先针对建筑特征中最明显的边缘角点进行提取，再重新设定角点的匹配规则，将角点匹配连接起来并提取出建筑物。如李青等[12]利用 SIFT 算法提取特征点作为候选边缘点，然后定义格式塔序列连续性原则来判别边缘点，从而得到边缘点点集；再由边缘点点集拟合边缘，实现遥感影像目标对象提取。这类方法的缺点在于不能有效利用建筑物的直线信息，有遮挡或者建筑物不规则时容易造成提取失败，在角点的匹配过程中容易出错。③基于区域分割的提取方法：基于区域分割的提取方法分为两种，即区域生长和区域分裂合并[13]。区域生长从某一个种子像元或种子集合出发，根据相似性准则，合并与其性质相似的候选像元，形成同质区域。区域分裂合并从全局图像出发，根据区域一致性的原则，将图像划分为若干特征不同的区域，而后根据相似性准则合并已划分的相邻图像区域，得到最终分割结果。④基于像素的分类方法：其中最成功的是使用支持向量机进行建筑物的提取。如 Huang 等[14]提出了一种新的多特征模型，旨在构建一个支持向量机集成，在像素和对象级别上组合多个光谱和空间特征。

研究表明机器学习最优秀的模型在建筑物提取领域的提取准确率为 60%~85%[11]，离达到有效应用还有一段距离。

2) 深度学习研究现状

深度学习是利用深度神经网络自动提取特征的一种学习过程，第一个真正意义上的卷积网络在 1989 年由 Lecun 等[15]设计提出，用于识别 MNIST

手写数据集中的数字,它是现在所有被广泛使用的深度学习卷积神经网络的"鼻祖",但受限于当时的计算机硬件水平,并没有引起轰动。自2010年起,随着计算机硬件图形处理单元的普及,深度学习回到研究者的视野,成为语义分割中的研究热点。2012年,AlexNet在ImageNet挑战赛拔得头筹,其分类精度远超同一时期的机器学习分类方法,由此掀起了深度学习的热潮,具有跨时代的意义[16]。

2014年GoogLeNet网络结构在AlexNet的基础上引入了Inception结构来扩展网络的深度,避免了单纯网络加深导致的梯度消失、梯度爆炸和过拟合等问题[17]。此外,使用全局平均池化层替代全连接层,使得收敛更快并降低了过拟合。

在2015年的ImageNet挑战赛上,机器图像识别准确率首次超过了人工识别准确率,实现了里程碑式的突破,机器图像识别成为这几年最具潜力的分类方式。这一年许多优秀的神经网络也被提出。如Unet[18]和ResNet[19]。残差网络(ResNet)的短路连接解决了深度神经网络的退化问题。Unet网络使用了长跳跃连接,直接连接深层和浅层网络,缓解了深层网络梯度消失问题,编码与解码层结构可高精度提取目标物的边界。Unet网络最早应用于医学图像识别领域,研究人员后续发现将其应用于其他领域也有出色的分类效果。很多学者选择该网络作为模块与工作相结合。Xu等[20]结合ResNet网络与Unet网络搭建的Res-Unet网络,既可实现图像的边界提取,又可准确地获取建筑地物位置,不仅降低了模型的整体复杂性,而且避免了边缘检测不准确的问题。

深度学习理论掀起了计算机视觉快速发展的浪潮,取得了令人瞩目的成就。其与传统遥感图像处理方法的最大区别在于,能够自动地学习海量遥感影像数据中的不同语义层次特征。深度学习具有强大的泛化能力和高效的特征表达能力,它不仅能自动地从像素级别的原始影像数据中提取地物特征信息,还可以逐层次地提取抽象的语义概念信息,从而使它在提取遥感影像的全局特征以及空间上下文信息方面具有明显的优势。遥感图像作为一种数据信息，涵盖了大范围的地表信息，携带着丰富的数据量，涉及地质、环境、海洋、农业等诸多领域，可以直接便捷地获取地貌特征等相关信息。高分辨率遥感卫星影像已经在国土资源调查、自然灾害监测、国家安全等领域，发挥了极大的作用。就遥感影像在水土流失动态监测与生产建设项目监测领域的应用而言，如何从大量的遥感影像数据中获取地表信息，并精准快速全面地提取出新增建设用地等扰动图斑，不仅是遥感影像应用的核心环节，也是后续关键工作深入展开的前提。

1.1.2 多时相遥感影像变化检测研究进展

1) 变化检测的发展历程

变化检测是根据对同一物体或现象在不同时间的观测来确定其不同的处理过程[21]。遥感影像变化检测是利用不同时期覆盖同一地表区域的多源遥感影像和相关地理空间数据，结合相应地物特性和遥感成像机理，采用图像、图形处理理论及数理模型方法，确定和分析该地域地物的变化，包括地物位置、范围的变化和地物性质、状态的变化[22]。其研究的目的就是找出感兴趣的变化信息，滤除作为干扰因素的不相干的变化信息[23-24]。

国内外学者从不同角度针对不同应用研究了大量的变化检测方法和理论模型，如代数法[25]、分类法[26]、面向对象法[27-30]、时间序列分析法[31-32]、可视化法[33]等，这些自动或半自动的变化检测方法已广泛应用于土地利用/覆盖变化、森林和植被变化、灾害监测、地理信息更新、目标监视与跟踪、生态环境监测等领域[34-36]。许多学者[37-44]对变化检测方法和技术进行了综述，普遍认为变化检测是一个复杂的综合处理过程，现有的检测方法没有哪一种适合所有应用场景。与其他遥感数据解译技术相比，变化检测聚焦处理和分析不同时相获取的覆盖同一地区的多幅遥感影像，其所处理的影像数据量更大，数据差异性更强，地物情况也更复杂[42]。

变化检测方法的演化史就是对地观测技术、信息技术、人工智能等的发展史，遥感影像分辨率的提高、IT技术的进化、人工智能的崛起深刻影响了变化检测方法的发展。变化检测方法发展的时间脉络主要包括如图 1-1 所示的几个典型的发展阶段。

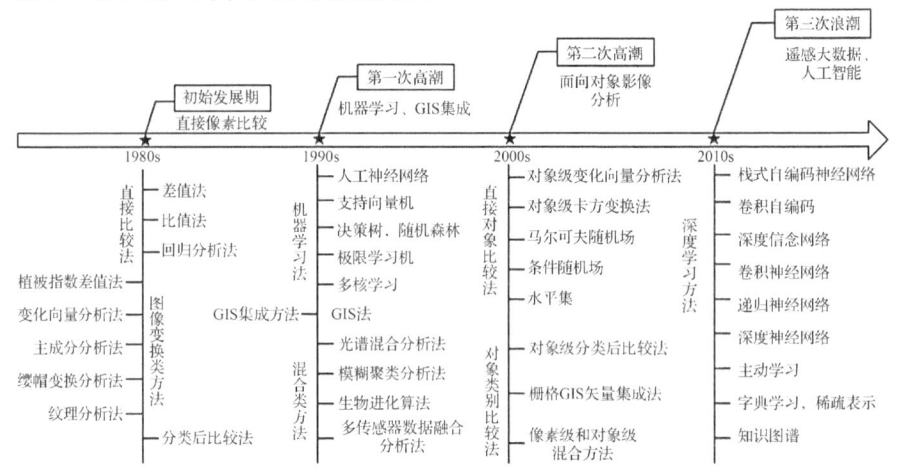

图 1-1 变化检测方法发展的时间脉络图

初始发展期（20 世纪 80 年代），主要以像元级统计方法为主。以独立的像元作为检测单元，主要针对中低分辨率遥感影像，通过逐像素地分析像元光谱差异以提取变化信息，主要包括直接比较法、图像变换类方法、分类后比较法等[40-44]。第一次高潮（20 世纪 90 年代），主要是机器学习带来了生机。随着支持向量机（SVM）、决策树、随机森林、多核学习（ML）、人工神经网络（ANN）、极限学习机（ELM）等机器学习方法广泛应用于遥感影像分类中，GIS 等多种信息辅助分类也得到广泛应用[45-46]，这些理论和方法提高了影像变化检测的精度。第二次高潮（2000—2009年），对象级变化检测引起了各种关注。伴随着高空间分辨率遥感影像的商业化，面向对象影像分析技术被引入高分辨率遥感影像分析中，变化检测的基本单元由像素逐渐过渡到对象。基于像素的直接比较法、分类后比较法、栅格 GIS 矢量集成法等较成熟的方法，慢慢地也被引入面向对象的高分辨率遥感影像变化检测中。此外，顾及邻域像素空间关系的方法，如水平集、马尔可夫随机场、条件随机场[47-48]等方法也被引入对象级变化检测，将光谱和空间信息进行有效结合，降低了对象级变化检测的不确定性。第三次浪潮（2010年以后），随着遥感大数据和人工智能的发展，深度学习方法迅速被引入遥感影像变化检测领域，从而掀起了变化检测的第三次热潮。作为一种高分辨率遥感数据特征挖掘的有效手段，深度学习方法为高分辨率遥感影像数据的分类与变化检测提供了一条新的途径。

2）目前主流的变化检测方法

（1）基于深度学习的变化检测方法

2012年，在ImageNet挑战赛中，深度学习的方法拔得头筹，此后，基于深度学习的变化检测研究如火如荼[49-54]地开展起来。深度学习能够自动、多层次地提取复杂地物的抽象特征，是一种有效的特征学习手段。深度网络提取出的抽象特征对噪声有很强的鲁棒性，能够处理同源或者异源的多时相遥感影像数据。传统变化检测方法结果的精度对差异图的依赖很大，但生成差异图的过程会损失很多信息，导致检测结果精度不稳定；深度学习网络端对端的结构，使得我们能够直接从多时相遥感影像中获得变化检测结果。经过数年的发展，众多学者提出了不少基于深度神经网络的变化检测方法，例如深度信念网络（Deep Belief Networks，DBN）[53]、栈式自编码神经网络（Stacked Auto-Encoders，SAE）[50]、卷积自编码（Convolutional Auto-Encoders，CAE）[54]、PCANet[49]等。深度学习技术的发展，尤其是卷积神经网络（Convolutional Neural Networks，CNN）[52]、递归神经网络（Recurrent Neural Networks，RNN）[53]和深度神经网络（Deep Neural Networks，DNN）[51]，为像素级变化检测方法注入了新的旺盛生命力。深度神经网络的训练是基于反向传播算法的有监督训练，因此，在利用深度神经网络处理遥感图像变化检测问题时，如何有效获取训练样本是一个值得研究的问题。虽然已经有大量的研究工作将深度学习应用到多时相遥感影像的变化检测研究上，但就高分辨率遥感影像而言，地物有更加丰富的空间/形状特征，如何将深度学习应用于高分辨率遥感影像变化检测中，提取并学习有效的特征，减少伪变化，进一步提高变化检测精度，是未来主要的研究方向。

（2）基于面向对象影像分析的变化检测方法

随着 Hay 和 Niemann[55] 提出了"影像对象"的概念，各种基于影像分割结果进行影像分析的方法也逐渐出现。影像对象较之单个像素包含了更多的地物整体信息，基于对象的影像分析方法更接近于人眼识别图像过程。但是一直到分形网络演化算法（Fractal Net Evolution Approach，FNEA）[56] 提出后，对象级影像分析方法才获得广泛关注，并发展成为一种有效的高空间分辨率影像分析方法。而部分学者认为，即使是中低分辨率影像，采取对象级分析方法，也普遍优于像素级方法[57]。现在，已经有相当多的学者进行了对象级的变化检测方法研究，普遍获得了较像素级变化检测方法更优的检测精度[58-61]。根据变化检测策略的不同，对象级变化检测方法大致可以分为直接对象变化检测[62-63]、同步分割后对象变化检测[64-65]、分类后变化检测[66-68] 几个类型。直接对象变化检测方法的核心是对多时相影像分别分割提取影像对象，然后直接对比不同时相的影像对象的几何特征如长度、面积及形状或者光谱纹理特征[69-70] 得到结果。该类方法的影像对象的获取策略可分为两种：一是只分割一期影像，另外一期影像通过直接叠加分割结果进行变化检测[69]；二是对不同时相影像分别做分割，通过对比相同位置上的对象进行变化检测。虽然顾及了所有对象，但是该类方法由于分割结果不同而难以进行对象分析，且要求分割方法能真正意义上把对象分割开来，变化检测精度严重依赖分割结果[70]。同步分割后对象变化检测方法的思想是：多时相数据相互叠加同时参与分割提取影像对象，获取在多时相影像上形状、大小、位置一致的分割对象。这种方法受多时相数据配准精度的影响较大，且由于分割的同时使用来自多时相影像的特征参数，异质性增大，分割结果往往存在过分割和边界破碎现象，需要一定的后处理补充[71-72]。分类后变化检测方法是比较经典的方法，对不同时相影像分别进行独立面向对象的影像分类，然后再进行对象所属类别、几何形状及空间上下文信息[71] 等对比分析，获取变化区域及变化轨迹。

区别于像素级方法，对象级变化检测最重要的一个环节就是影像分割，众多学者提出了各种分割方法[72]，但是这些方法仍然各自有特定的适用场景和条件。在未来的对象级变化检测研究中,影像分割技术仍然是需要进一步深入研究的内容。另外,当前流行的影像分割方法普遍需要尺度参数,由于尺度参数的设置非常重要又很困难,设置的任何单一尺度参数都可能造成某些地物的过分割或欠分割,因此需要加强最优尺度、自适应尺度乃至全尺度分割方法的理论研究[73]。此外,随着人工智能技术的快速发展,利用卷积神经网络辅助完成影像自适应多尺度分割也是一种研究趋势[74]。

遥感固有的尺度问题使遥感影像变化检测面临的首要任务就是选择数据源。目前,变化检测可用的数据来源多种多样,包括航天/航空不同传感器、不同空间尺度的影像数据以及历史的 GIS 矢量等数据。在数据的时相上,有单时相影像、两时相影像以及时间序列影像;在光谱的波段上,有全色影像、彩色影像、多光谱影像以及高光谱影像;在数据的类型上,有影像对影像的变化检测,非影像数据与影像数据对比的变化检测。一般来说,在影像数据选取时,使用相同传感器,在每年的相近日期、相似的气候条件和气象条件下拍摄得到数据,采用相同的预处理方法,最大限度地消除几何和辐射差异引起的非显著变化,是不同时相选择数据源的基本原则。

1.1.3 深度学习算法在水土保持扰动图斑提取方面的应用

与自然资源部门的违建占地、生态保护红线挤占等扰动图斑提取相比,生产建设项目扰动图斑的提取不是在固定范围内辨识有无扰动迹象及特征,而是在没有参考边界的前提下,勾绘项目的扰动边界,并结合无人机、现场核查等技术手段监测项目防治范围内水土保持措施的实施情况和工程量来判别,因此生产建设项目扰动图斑的发现比较困难,提取过程相对复杂。

目前深度学习模型在边界规则、纹理特征明显的地物信息分类、识别提取方面开展了大量研究,涉及影像特征更为复杂的生产建设项目扰动图斑识别分类研究成果仍较为鲜见,如何提高解译精度和效率是目前解译工作的研究热点之一。由于生产建设项目扰动图斑类型多样,边界、纹理特征不明显,应用深度学习算法进行扰动图斑自动提取识别研究是目前的难点。目前对于生产建设项目扰动图斑的识别,可以总结归纳为目标识别和变化检测两种思路。

在利用同一时相影像进行扰动图斑识别方面，有学者采用不同方法进行了研究。2022年，金平伟等[75]基于深度学习原理，构建生产建设项目扰动图斑自动识别分类CNN模型，利用2020年一期高分1号遥感影像和已有的生产建设项目水土保持信息化监管成果数据对模型进行训练和应用效果检验，模型优化器算法、学习速率和批大小3个超参数最优值分别为AdaGrad、10^{-4}和16。由于扰动图斑边界不规则、区域模糊、无明显建构筑物特征，且因建设周期差异，相同扰动区域遥感影像特征也存在显著差异，部分非扰动区域影像特征与扰动区域影像特征十分相像。伏晏民等[76]研究将引入残差和注意力机制的Unet模型应用于水土保持遥感监管人为扰动地块影像自动分割，以2020年四川省水土保持动态监测高分遥感影像作为数据源，利用已有资料和野外调查资料在影像上人工提取并标注人为扰动实验样本数据集。试验结果精度指标表明：改进的模型在数据集上的交并比为79.1%，比Unet提高2.9%，比Attention Unet提高1.2%；精确度为83.9%，比Unet提高4.1%，比Attention Unet提高2.0%；召回率为83.6%，比Unet提高1.9%，比Attention Unet提高1.1%。模型预测结果中分割边界相对于Unet更加清晰平滑，相对于Attention Unet预测结果更加接近于标签图像，模型更加稳定。

在利用不同时相影像进行扰动图斑的变化检测方面，舒文强等[77]选取时相为2020年10—12月和2021年1—3月的遥感影像，研究扰动图斑变化智能检测时，采用了基于语义信息卷积神经网络先分类后检测和基于端到端孪生深度神经网络变化图斑提取相结合的方式。前者利用卷积神经网络分类模型对已有的遥感解译样本库进行遥感分类训练，再对前后时相遥感影像分别进行处理，得到前后时相成果，然后对比分析获取变化图斑。后者直接标定变化样本，通过孪生网络训练变化检测模型，直接对前后时相两期影像进行变化检测，得到变化图斑。最后对两种方法获得的变化图斑进行融合分析，再进行人工复核，最终获得变化图斑。结果表明，变化检测方法能够较为准确地定位地物类发生变化的区域，提取得到的变化图斑边界与实际的变化区域较为贴合。

1.2 研究内容及技术路线

1.2.1 研究内容

本研究针对生产建设项目扰动图斑这一对象，从目标识别和变化检测两种思路出发，分析单时相和多时相遥感影像的生产建设项目扰动图斑邻域、时序等图像特征，分别建立目标识别和变化检测生产建设项目扰动图斑数据集；确定目标识别和变化检测扰动图斑识别策略，筛选最优深度学习训练评估超参数，对比 Unet、Unet++、Unet3+ 深度学习语义分割模型精度评价指标，研究生产建设项目扰动图斑的自动快速识别技术，提出最优扰动图斑识别策略，以期为生产建设项目扰动图斑自动识别分类、提取提供技术支撑。

1）基于单时相遥感影像的扰动图斑目标识别研究

在单时相高分遥感数据的基础上，建立扰动图斑目标识别数据集，应用 Unet、Unet++、Unet3+ 三种深度学习网络模型进行目标识别的模型训练、验证和预测，进行扰动图斑特征提取。

2）基于多时相遥感影像的扰动图斑变化检测研究

在多时相高分遥感数据的基础上，建立扰动图斑变化检测数据集，应用 Unet、Unet++、Unet3+ 三种深度学习网络模型进行变化检测模型训练、验证和预测，进行扰动图斑特征提取，对扰动图斑结果进行分类，明确其变化方向。

3）扰动图斑识别策略研究

对目标识别和变化检测两种扰动图斑识别方法进行精度评价，针对水土保持生产建设项目扰动图斑从识别效果、实际工作需求、应用难度等方面进行分析，提出扰动图斑识别策略。

1.2.2 技术路线

本研究的技术路线如图 1-2 所示。

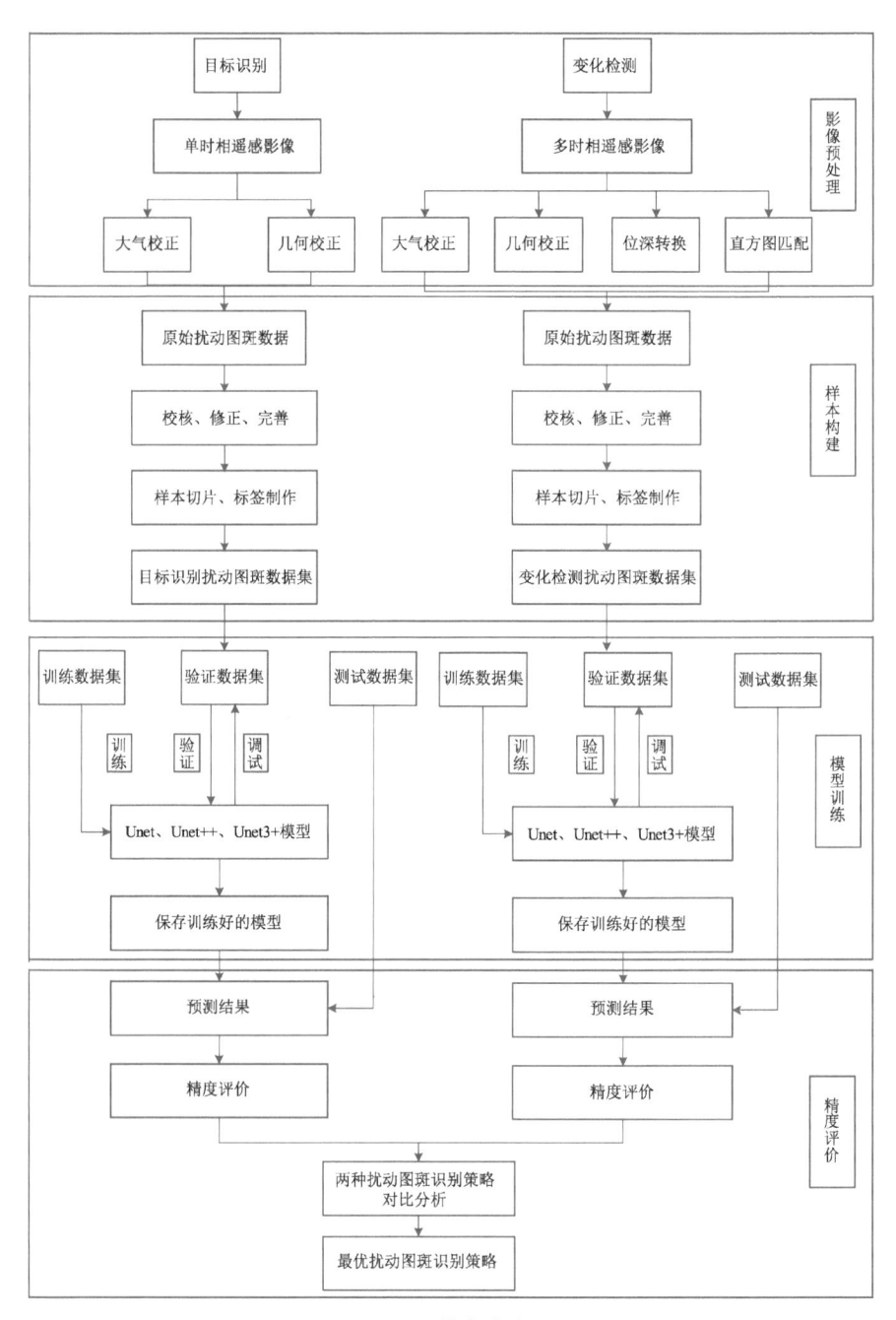

图 1-2 技术路线图

研究方法及数据处理

2.1 研究区概况

2.1.1 地理位置

南京市位于江苏省西南部，平面呈南北长东西窄展开，南北长 150 km，东西宽 30～70 km，全市总面积 6 587.04 km^2；东与江苏省镇江市、扬州市、常州市接壤，南与安徽省宣城市接壤，西与安徽省马鞍山市接壤，北与安徽省滁州市接壤。截至 2023 年底，南京下辖 11 个市辖区（玄武、秦淮、建邺、鼓楼、浦口、栖霞、雨花台、江宁、六合、溧水、高淳）和 1 个国家级新区（江北新区）、95 个街道、6 个镇，常住人口 954.7 万人。

2.1.2 地形地貌

南京市属宁镇扬丘陵地区，地势起伏，最大相对高差近 450 m，地貌类型多样，为低山、丘陵、岗地和平原洲地交错分布的地貌综合体。其中低山占土地总面积的 3.5%，丘陵占 4.3%，岗地占 53%，平原、洼地及河流湖泊占土地总面积的 39.2%。长江以北为老山山脉、滁河河谷平原以及平山、冶山、灵岩山等大片岗地和零星丘陵；长江以南为宁镇山脉、横山和东庐山、牛首山和云台山、茅山等大片丘陵岗地。从主城区以南到溧水永阳为构造完整的山间盆地，秦淮河由南向北贯穿盆地，在两侧形成海拔 5~10 m 的河谷平原；在山地和平原之间分布着海拔 20~60 m 的黄土岗地。

2.1.3 气象

南京受西风环流和副亚热带高压控制，呈现出典型的北亚热带湿润气候特征，四季分明，雨水充沛；1905—2021 年多年平均降雨量 1 042.1 mm（南京站），最大年降雨量 1 730 mm（1991 年），最小年降雨量 448.0 mm（1978 年）。多年平均气温 15.5 ℃，极端最高气温 43 ℃（1934 年 7 月 13 日），极端最低气温零下 14 ℃（1955 年 1 月 6 日）。冬季以东北风为主，夏季以东南风为主，多年平均风速 3.6 m/s，极端最大风速 39.9 m/s。年均日照 1 686.5 h，无霜期约 230 d。

2.1.4 河流水系

南京市境内有三大主要水系，即长江水系、淮河水系、太湖水系。长江水系是南京市境内最大的水系，流域面积 6 288.3 km²，占市域面积的 95.5%。长江水系又可细分出四条水系，即长江南京河段沿江水系、秦淮河水系、滁河水系、水阳江水系。南京市通称的水系是指这 4 条水系，外加淮河、太湖 2 条水系，共 6 条水系。全市水域面积约占市域面积 11.4%。

2.1.5 土壤植被

南京市主要有水稻土、潮土、红壤、紫色土、黄棕壤等，成土母质有紫色砂质岩、第四纪红黏土、红砂岩、千枚岩及河流冲积物等。地带性土壤主要是红壤、黄棕壤，非地带性土壤有潮土及水稻土。根据生态地理分布特点和外貌特征，南京市属于亚热带常绿阔叶林区。

2.1.6 水土流失状况

南京市土壤侵蚀以水力侵蚀为主，主要发生时段为汛期，重点发生区域在丘陵岗地。根据《全国水土保持规划（2015—2030）》，南京市属于南方红壤区—江淮丘陵及下游平原区—沿江丘陵岗地农田防护人居环境维护区。对照《土壤侵蚀分类分级标准》（SL 190—2007），南京市属于水力侵蚀类型区—南方红壤丘陵区—长江中下游平原区，土壤容许流失量为 500 t/（km^2·a）。

根据《江苏省水土保持公报（2023）》，全市现状轻度及以上水土流失总面积为 320.25 km^2，占南京市域总面积的 4.86%，其中轻度侵蚀面积 300.40 km^2，占水土流失面积的 93.80%；中度侵蚀面积 17.30 km^2，占水土流失面积的 5.40%；强烈侵蚀面积 2.46 km^2，占水土流失面积的 0.77%；极强烈侵蚀面积 0.09 km^2。

从空间分布来看，水土流失主要发生在丘陵区，全市水土流失面积较大的区域主要分布在江宁区，水土流失面积 100.81 km^2，占全市水土流失总面积的 31.48%，其次为溧水区，水土流失面积为 87.13 km^2，占全市水土流失总面积的 27.21%。

从土地利用类型看，林地是全市水土流失的主要来源，其次为建设用地，其中生产建设项目施工建设期地表扰动剧烈，易引起较强的水土流失。

2.2　研究方法

2.2.1　深度学习计算原理

2.2.1.1　神经网络基本结构

卷积神经网络属于一种深度神经网络，通常被用于计算机视觉分析，卷积神经网络的结构包括卷积层、池化层、激活层、全连接层和批标准化层等。

1）卷积层

卷积层作为深度神经网络的基础运算层，能够增强原始影像的某种特征，并描述不同语义层次的特征，从而提取出输入影像的特征信息。通过卷积层操作后所得图像称为特征图（Feature Map），其中包含了输入影像数据的某些特征。完整的卷积层由卷积核、卷积参数和激活函数这三部分组成。

卷积核（Convolution Kernel）类似于传统图像处理中的滤波器（Filter）算子，可以将其定义为权重函数。在卷积核运算的过程中，输入图像中某位置的像素通过这个权值函数加权平均后，可以输出图像中对应的像素。

当卷积核执行卷积运算时，它将以一定的顺序和规律在整个输入影像上滑动，每次滑动时，它都会与输入影像中相应的像素点做内积运算，并将获得的值作为输出影像中相应位置的元素。卷积操作如图 2-1 所示。假设卷积核的大小为 3×3，卷积步长为 1，填充为 0，并根据卷积步长的大小在整个输入影像上逐步滑动卷积核，当卷积核对输入影像中的所有元素都执行完运算时，卷积过程结束。

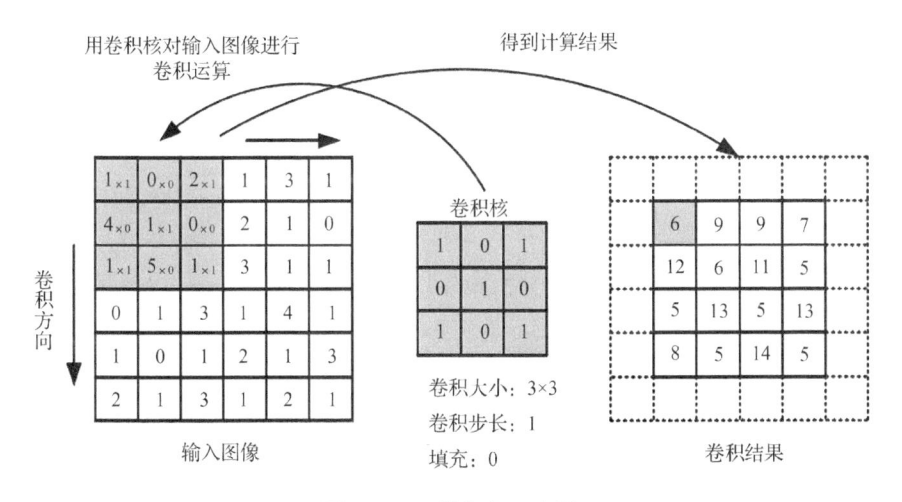

图 2-1 二维卷积示意图

卷积核的大小（Size）、卷积步长（Stride）和填充（Padding）是卷积层的主要参数，它们共同确定输出特征图的尺寸大小，具体的关系如下：

$$W_2 = (W_1 - F + 2P)/S + 1 \tag{2.1}$$

$$H_2 = (H_1 - F + 2P)/S + 1 \tag{2.2}$$

式中：W_2 表示特征图的宽度；H_2 表示特征图的高度；W_1 表示输入图像的宽度；H_1 表示输入图像的高度；F 为卷积核的大小，通常卷积核是长宽相等的 $n(n>1)$ 维矩阵；P 表示在被卷积的图像中所填充的像素个数；S 为卷积步长。

2) 池化层

池化层（Pooling Layer）也可以称为空间降采样层，在卷积神经网络中，通常将其应用在卷积层后面。它具有减小特征图大小和增大神经元感受野的作用，能够过滤冗余信息以获得不因空间位置变化而失真的特征；同时，大大减少了网络的计算量和参数，且具有防止过拟合的功能。经过一次池化操作后，特征图的大小可表示为：

$$W' = \frac{W-k}{S} + 1 \tag{2.3}$$

$$H' = \frac{H-k}{S} + 1 \tag{2.4}$$

式中：W、H 分别表示池化前特征图的宽度和高度，W'、H' 分别表示池化后特征图的宽度和高度，S 为卷积核在特征图上的滑动步长，k 为滑动窗口的尺寸。由于特征图的数量在池化过程中不会改变，因此，池化后的特征图数量与池化前的特征图数量保持一致。最为常见的池化运算有平均池化（Mean Pooling）和最大池化（Max Pooling），其中，平均池化能够保留图像整体的数据特征，而最大池化可以提取上层特征图中最明显的值。池化具体操作如图 2-2 所示。

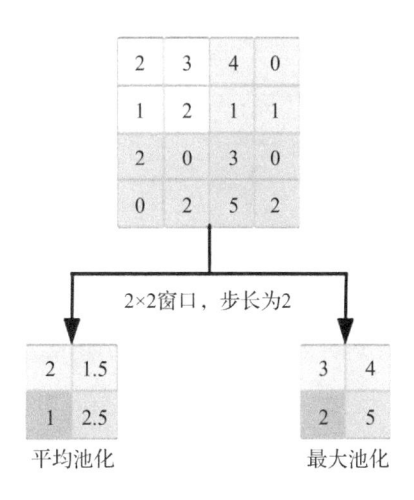

图 2-2 平均池化和最大池化示意图

图 2-2 中池化的滑动窗口（k）的大小为 2×2，窗口的步幅（S）为 2，平均池化即选择 2×2 区域的平均值作为输出，最大池化则是选择 2×2 区域的最大值作为输出。

3）激活层

激活函数（Activation Function）是为网络模型添加非线性特征，因为线性特征不足以对网络模型进行表达[78]。当 CNN 不使用激活函数时，其每一层网络的输出与上一层网络输入都呈线性映射关系。如果在网络层运算过程中只使用简单的线性变换，网络并不利于解决复杂的图像处理问题。因此，为提高 CNN 处理非线性问题的能力并克服纯线性层模型缺乏表达能力的缺点，通常将激活函数添加到模型中，作为 CNN 的关键环节。本节主要介绍 CNN 网络模型常用的 Sigmoid、Tanh 和整流线性单元（Rectified Linear Unit，ReLU）这三种激活函数。

（1）Sigmoid 函数

Sigmoid 函数是一种非线性网络激活函数，Sigmoid 函数的图像如图 2-3 所示。它的数学表达式为：

$$\delta(x) = \frac{1}{1+e^{-x}} \tag{2.5}$$

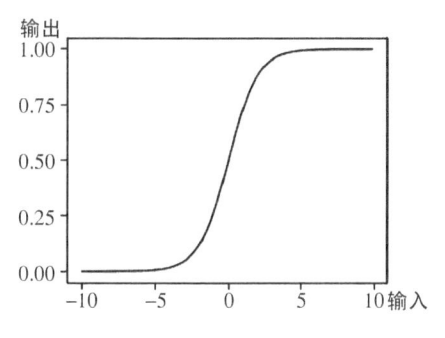

图 2-3 Sigmoid 激活函数

Sigmoid 函数一般用于网络的输出层，可以将输入值映射到 0~1 之间。当输入为较小的值（甚至是负数）时，其输出接近于 0，表示神经元的"抑制状态"；输入值为较大正数，则输出接近于 1，表示神经元的"激活状态"；且在输入为 0 时输出为 0.5。因此，当网络的输出值是概率时，一般使用 Sigmoid 函数。

（2）Tanh 激活函数

Tanh 和 Sigmoid 的函数相似，其图像如图 2-4 所示。数学表达式为：

$$\text{Tanh}(x) = 2\delta(2x) - 1 = \frac{e^x - e^{-x}}{e^x + e^{-x}} \tag{2.6}$$

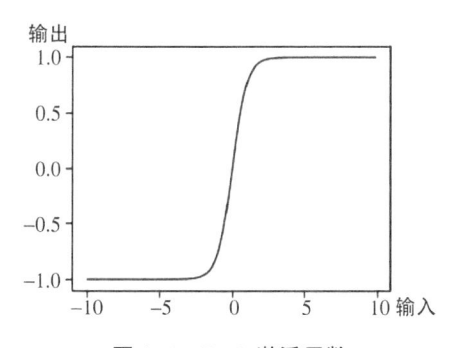

图 2-4 Tanh 激活函数

与 Sigmoid 函数的区别在于，Tanh 的输出值在 -1~1 之间，当输入值为 0 时，输出值也为 0，因此它的输出平均值基本为 0。Tanh 函数存在梯度弥散和计算量大的缺点。其导数为 $f'(x)=1-f_2(x)$，当输入 x 在 0 附近时，其梯度大于 Sigmoid 激活函数，因此当输入落在此区域内时，收敛速度比 Sigmoid 快。但随着 x 的增大，Tanh 激活函数的导数减小得比 Sigmoid 激活函数更快，导致更快地进入近似饱和区。

（3）ReLU 激活函数

目前卷积神经网络中最常使用的激活函数是 ReLU 函数，其数学表达式为：

$$f(x)=\begin{cases} 0 & x \leqslant 0 \\ x & x > 0 \end{cases} \tag{2.7}$$

ReLU 函数图像如图 2-5 所示。当输入的梯度值小于 0 时，其输出值为 0；当输入的梯度值大于 0 时，则其输出值与输入梯度值相等。ReLU 函数的优点是：相对于 Sigmoid 函数和 Tanh 函数，它仅通过比较输入梯度值大小就可以输出梯度的计算结果，并且处理数据的速度更快；ReLU 函数分段的特性使得它的导数值总为 1，从而避免了梯度饱和效应的发生；当随机输入梯度时，ReLU 函数的输出值为 0 的概率为 50%。而对于网络模型来说，它的输出值有一半的概率为 0，因此，卷积神经网络能够稀疏地表达特征。

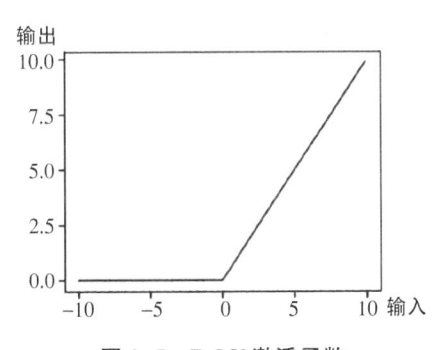

图 2-5 ReLU 激活函数

ReLU 函数缺点是：当函数的输入值小于 0 时，其输出和梯度均为 0，则此神经元之后的所有梯度将始终保持为 0，并且不再被更新，从而导致网络模型在训练过程中可能会出现神经元"死亡"的现象。

4) 全连接层

全连接层（Fully Connected Layer）又称内积层（如图 2-6 所示），通常作为分类器用于网络最后几层，以完全连接的方式在前层和后层之间对神经元进行连接。与卷积层、池化层等将原始图像数据映射到隐层特征空间不同，全连接层是将特征映射到样本标记空间。因此，全连接层与 Softmax 层连接后可以视为整个 CNN 中的"分类器"。神经元的数量与参数的数量为相乘的关系，两个一维网络层之间全连接的表达式可表示为：

$$y = Wx + b \tag{2.8}$$

式中，向量 $x \in R^n$ 表示全连接层的输入，向量 $y \in R^m$ 表示全连接层的输出。全连接层包含两部分参数，即权重 $W \in R^{n \times m}$ 和偏置项 $b \in R^m$，特征矩阵的点乘运算用 Wx 表示。由于全连接层具有全连接的特性，因此，其权重参数的数量非常大，共有 $(n \times m + m)$ 个参数，导致网络模型学习速度非常慢。

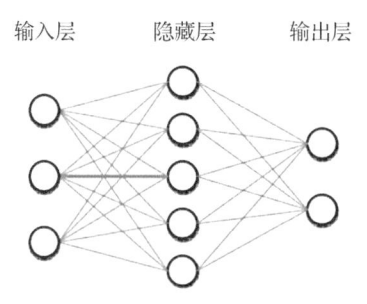

图 2-6 全连接层示意图

5) 批标准化层

在训练神经网络模型的过程中，将在激活操作之前不断更新所有网络层的参数，并且数据的分布也在不断变化。然而，随着网络训练的进行，特征层的数据分布逐渐接近非线性函数的饱和区域。如果采取原始的归一化处理方式，会导致网络层学到的特征被强制转换到 0~1 之间，造成特征无效的后果。为拟合数据分布发生的变化，网络模型在进行反向传播时需对相应参数做出不必要的调整，从而极大地减缓神经网络的收敛速度。

于是，在 2015 年，批标准化（Batch Normalization，BN）首次被 Ioffe 等人[79]提出，目的是将网络中每个隐藏层中的所有神经元节点的输入数据分布都转换为正态分布，通过使数据分布固定的方式，让激活函数的输入值处于非饱和的区域内，从而减少网络训练过程中出现的梯度弥散问题，使得网络模型的收敛速度加快。

对于一组输入数据可表示为 $x=[x_1, x_2, \cdots x_m]$，则批标准化的运算过程可用公式表示为：

$$\mu_B = \frac{1}{m}\sum_{i=1}^{m} x_i \tag{2.9}$$

$$\delta_B^2 = \frac{1}{m}\sum_{i=1}^{m}(x_i - \mu_B)^2 \tag{2.10}$$

$$x'_i = \frac{x_i - \mu_B}{\sqrt{\delta_B^2 + \varepsilon}} \tag{2.11}$$

式中，δ_B 和 μ_B 分别表示输入参数的方差和均值。x_i 表示经过 i 层非线性变换的输入数据。

上述公式的操作可以将输入数据约束在均值为 0、方差为 1 的标准正态分布下。但是，对于不同的网络层，非标准正态分布可能才是最优的，从而导致运算过程中原始的图像特征遭到破坏，这样仅仅对数据进行标准化将降低网络的表达能力。因此，有必要知道数据特征值应该在哪个范围内。为恢复因数据分布变化而减弱的特征表达能力，可以对标准化操作的每个神经元添加两个可用于网络学习的参数，即偏移参数和缩放参数，以便网络可以自适应地调整数据的分布以增强其特征表达能力，可用公式表示为：

$$y_i = \gamma x_i' + \beta = BN_{\gamma,\beta}(x_i) \tag{2.12}$$

批标准化允许网络使用更大的学习速率，从而提高网络的收敛速度。同时，保证了网络学习到的训练数据分布更接近验证数据分布，减少异常数据对网络的干扰，从而提高了网络的泛化能力。现在，大多数神经网络模型都使用批标准化层进行优化。

2.2.1.2 卷积神经网络的训练方法

目前，梯度下降法是大多数神经网络参数训练中最常用的方法，如何求解损失函数各层网络参数的偏导对网络模型的训练非常重要。经典的神经网络都使用反向传播算法[80]计算出残差及偏导数，此算法主要由前向传播和反向传播两个过程组成，其中，前向传播用于获取网络模型输出与期望输出之间的误差，而反向传播则是利用该误差对网络模型权重参数进行调整。通过不断的循环迭代，当损失函数值不再减小或训练达到某个阈值时，网络模型结束训练，使得网络模型对输入的响应满足预期的精度要求。

1) 前向传播过程

在网络的前向传播计算过程中，网络的第一层首先接收到样本数据的输入，然后通过中间隐藏层的计算后再将数据传递到损失层。整个运算过程公式如下：

$$a_i^{(l)} = x_i \tag{2.13}$$

$$z_i^{(l+1)} = \sum_{j=1}^{s_l} W_{ij}^{(l)} a_i^{(l)} + b_i^{(l)} \tag{2.14}$$

$$a_i^{(l+1)} = f(z_i^{(l+1)}) \tag{2.15}$$

式中，a 表示网络输出的特征图，x_i 为第 i 个样本数据的输入，$a_i^{(l)}$ 表示第 l 层卷积层的第 i 个神经元的激活值，S_l 表示第 l 层卷积层的神经元个数。第

l 层卷积层的第 j 个神经元与第 $l+1$ 层卷积层的第 i 个神经元之间的权重矩阵为 $\boldsymbol{W}_{ij}^{(l)}$，第 $l+1$ 层卷积层的第 i 个神经元的偏倚项为 $b_i^{(l)}$，第 $l+1$ 层卷积层的第 i 个神经元输入的加权和为 $z_i^{(l+1)}$，$f(z^{(l+1)})$ 为激活函数，一般采用 ReLU 和 Sigmoid 函数。激活函数 $f(g)$ 由向量表示，因此，第 $l+1$ 层卷积层的激活值可表示为：

$$a^{(l+1)} = f(z^{(l+1)}) \tag{2.16}$$

$$z^{(l+1)} = \boldsymbol{W}^{(l)} a^{(l)} + b^{(l)} \tag{2.17}$$

2）反向传播过程

反向传播原理：对比期望输出和实际输出，得到损失函数。为了最小化损失函数，利用链式求导，将误差向前传，修正各层参数。

前向传播可以获得神经网络的输出，而反向传播不仅能够计算损失函数的输出值与目标值之间的误差，还可以使用反向传播来更新各网络层的参数。假设有 m 个由固定样本数据组成的训练：$\{(x^{(1)}, y^{(1)}), (x^{(2)}, y^{(2)}), \cdots, (x^{(m)}, y^{(m)})\}$，对于一个样本 $(x^{(i)}, y^{(i)})(1 \leqslant i \leqslant m)$，其损失函数可用公式表示为：

$$J(W, b; x^{(i)}, y^{(i)}) = \frac{1}{2} \| h_{W,b}(x^{(i)}) - y^{(i)} \|^2 \tag{2.18}$$

式中，$h_{W,b}(x^{(i)})$ 为网络的输出值，W、b 是网络的参数，那么对于 m 个样本数量的训练集，整体的损失函数可用公式表示为：

$$\begin{aligned} J(W, b) &= \left[\frac{1}{m} \sum_{i=1}^{m} J(W, b; x^{(i)}, y^{(i)}) \right] + \frac{\lambda}{2} \sum_{l=1}^{n-1} \sum_{i=1}^{S_l} \sum_{j=1}^{s_{l+1}} (W_{ij}^{(l)})^2 \\ &= \left[\frac{1}{m} \sum_{i=1}^{m} \frac{1}{2} \| h_{W,b}(x^{(i)}) - y^{(i)} \|^2 \right] + \frac{\lambda}{2} \sum_{l=1}^{n-1} \sum_{i=1}^{S_l} \sum_{j=1}^{s_{l+1}} (W_{ij}^{(l)})^2 \end{aligned}$$

$$\tag{2.19}$$

式中，n 表示神经网络的总层数，等号右边第一项表示均方差项，第二项表示权重衰减项，该值具有为降低权重而避免过拟合的作用，参数 λ 表示这两项的相对重要性。

反向传播算法的目的是将损失函数最小化，本小节以批量梯度下降法（Batch Gradient Descent，BGD）为优化算法，在 BGD 的每次迭代中更新参数（W，b）。L_l 表示第 l 层卷积层，优化过程如下。

（1）根据前向传播，计算 L_2，L_3，$\cdots$，L_n 层的激活函数值，L_n 为输出层，激活值为 a_2，a_3，$\cdots$，a_n。

（2）输出层 L_n 的总计算误差项为：

$$\delta_i^{(n)} = -(y_i - a_i^{(n)}) \cdot f'(z_i^{(n)}) \tag{2.20}$$

（3）对 $l=2$，3，$\cdots$，$n-1$ 层，分别计算他们的误差项：

$$\delta_i^{(l)} = (\sum_{j=1}^{s_{l+1}} W_{ij}^{(l)} \delta_i^{(l+1)}) \cdot f'(Z_i^l) \tag{2.21}$$

然后计算网络参数的偏导数，可得：

$$\frac{\partial}{\partial W_{ij}^{(l)}} J(W, b; x, y) = a_j^{(l)} \delta_i^{(l+1)} \tag{2.22}$$

$$\frac{\partial}{\partial b_i^{(l)}} J(W, b; x, y) = \delta_i^{(l+1)} \tag{2.23}$$

转换成向量形式，可以表示为：

$$\nabla_{W^{(l)}} J(W, b; x, y) = \delta_i^{(l+1)} (a^{(l)})^{\mathrm{T}} \tag{2.24}$$

$$\nabla_{b^{(l)}} J(W, b; x, y) = \delta_i^{(l+1)} \tag{2.25}$$

最后对网络参数进行更新。

单个样本数据的偏导数和整体样本数据的偏导数的关系可用公式表示为：

$$\alpha \frac{\partial}{\partial W_{ij}^{(l)}} J(W, b) = \frac{1}{m} \sum_{i=1}^{m} \alpha \frac{\partial}{\partial W_{ij}^{(l)}} J(W, b; x^{(i)}, y^{(i)}) \tag{2.26}$$

$$\alpha \frac{\partial}{\partial b_i^{(l)}} J(W, b) = \frac{1}{m} \sum_{i=1}^{m} \alpha \frac{\partial}{\partial b_i^{(l)}} J(W, b; x^{(i)}, y^{(i)}) \qquad (2.27)$$

式中，α 为学习率。

最终的参数更新可以表示为：

$$W'^{(l)}_{ij} = W^{(l)}_{ij} - \alpha \frac{\partial}{\partial W^{(l)}_{ij}} J(W, b) \qquad (2.28)$$

$$b'^{(l)}_i = b^{(l)}_i - \alpha \frac{\partial}{\partial b^{(l)}_i} J(W, b) \qquad (2.29)$$

不断重复以上步骤，直至最终损失函数值不再减小，则神经网络参数达到最优。

2.2.1.3 优化算法

梯度下降法：梯度下降法是最常用的神经网络优化算法。若将代价函数简单可视化，则代价函数相当于一个崎岖不平的盆地，有高峰，也有低谷（最小值）。梯度下降的目标是取得最小值，每次沿着最陡峭的方向（梯度方向），下降一定的距离（步长）。由于初始化函数不同，初始下降点会有所不同，下降路线也会不同。所以梯度下降有可能会得到局部最小值，而不是全局最小值。深度学习使用随机初始化方法，总是能够得到全局最小值，从而有效解决此问题。

神经网络进行训练时所使用到的优化算法主要包括批量梯度下降法、随机梯度下降法、小批量随机梯度下降法、动量梯度下降法和学习率自适应梯度下降法。

1) 批量梯度下降法

批量梯度下降法（图 2-7）是一种使用所有训练集来更新网络参数的方法。优化器在权重参数的每一次更新中，会通过计算全部训练集的损失函数来对梯度进行更新。其损失函数可以表示为：

$$J(\theta) = \sum_{i=1}^{m} J(\theta; x^{(i)}, y^{(i)}) \qquad (2.30)$$

$$\theta' = \theta - \alpha \nabla_\theta J(\theta) \qquad (2.31)$$

式中，参数 θ 用来替换网络参数（W，b），学习率的大小为 α，∇ 为梯度符号，训练样本的总量为 m。

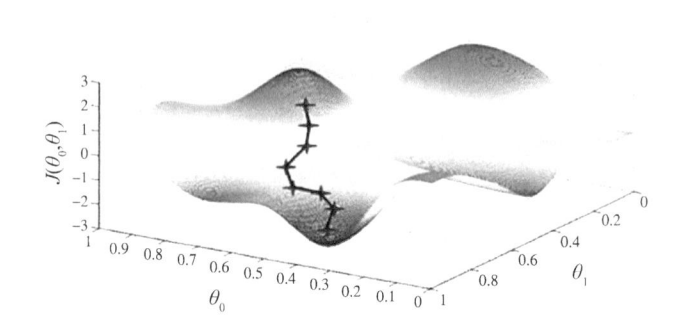

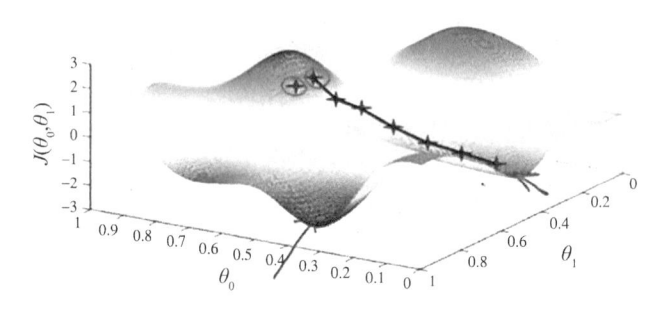

图 2-7 批量梯度下降法示意图

2) 随机梯度下降法

批量梯度下降法通过计算所有训练样本数据的损失函数值来更新参数，但当训练集的总量很大时，计算过程将特别耗时[81]。与批量梯度下降法不同，随机梯度下降法（Stochastic Gradient Descent，SGD）在一次迭代中只采集一个样本并计算该样本的损失函数，且每次计算迭代不会消耗过多的时间；然而当权重参数训练到最优时，整个训练集只有很少部分可能被使用。SGD 在梯度上引入了一些随机噪声，其对样本数据的噪声更加敏感，并且当目标函数为非凸函数时，权重参数可能会向局部最优的方向收敛，参数更新的表达式为：

$$\theta' = \theta - \alpha \nabla_\theta J(\theta; x^{(i)}, y^{(i)}) \tag{2.32}$$

3) 小批量随机梯度下降法

批量梯度下降法在每次迭代过程中计算了整个样本库的梯度，耗费了大量的计算资源，而且无法充分利用计算机进行并行计算；随机梯度下降法虽然每次迭代只需考虑一个样本，参数更新速度较快，但相较于 BGD，其噪声更多，无法保证每次迭代后梯度向全局最优的方向下降。

小批量随机梯度下降法（Mini-batch Stochastic Gradient Descent，MSGD）对批量梯度下降法和随机梯度下降法进行了平衡。在每次迭代过程中，MSGD 随机从整个样本库中选择一小部分样本计算梯度并对权重参数进行更新。其网络参数更新的表达式为：

$$\theta' = \theta - \alpha \nabla_\theta \sum_{i=1}^{n} J(\theta; x^{(i)}, y^{(i)}) \tag{2.33}$$

4) 动量梯度下降法

由于梯度下降法的网络参数更新仅与当前训练样本的梯度有关，因此在训练过程中梯度会出现锯齿状下降，从而导致网络的收敛速度减缓，Qian[82]利用物理学中的动量思想提出了动量梯度下降法。动量梯度下降法可表示为：

$$u_i = \gamma u_{i-1} - \alpha \nabla_\theta J(\theta; x^{(i)}, y^{(i)}) \tag{2.34}$$

$$\theta' = \theta + u_i \tag{2.35}$$

式中，u 表示动量，γ 表示动量的权重。相对于随机梯度下降法，含有动量的随机梯度下降法通过累计历史动量来提高当前梯度移动的速率，当梯度方向与以往下降不一致时，动量梯度下降法则会通过削弱参数的更新速度的方式来减小梯度动荡；当梯度与以往下降一致时，该方法则会加快此梯度上的参数更新，从而加快网络收敛速度。

5) 学习率自适应梯度下降法

在网络模型的优化过程中，学习率具有非常重要的作用。网络模型的训练效果和速度受到学习率大小的显著影响：学习率较大，容易导致网络模型在最优解附近震荡，使网络模型的权重参数难以得到最优解；学习率较小，则会造成网络模型的参数更新较慢。在网络模型学习的初始阶段，往往需要设置较大的学习率，而为了在最终阶段收敛到满意的结果，则需要设置较小的学习率；因此，越来越多的学习率自适应的优化算法被提出来。以下详细介绍几种目前常用的学习率自适应梯度下降法。

(1) AdaGrad

AdaGrad 优化方法是通过分开网络模型全部参数的学习率，使得其每个网络参数都与以往梯度平方和的开方呈反比关系。该方法利用损失函数实现了网络参数的梯度求取，为了在相对较小的波动方向上拥有更快的更新速度，梯度大的参数学习率通常更大，而梯度小的网络参数则具有更小的学习率。AdaGrad 可用公式表示为：

$$g = \nabla_\theta \sum_{i=1}^{n} J(\theta; x^{(i)}, y^{(i)}) \tag{2.36}$$

$$\sum\nolimits' = \sum + g^2 \tag{2.37}$$

$$\Delta\theta = -\frac{\alpha}{\varepsilon + \sqrt{\sum}} g \tag{2.38}$$

$$\theta' = \theta + \Delta\theta \tag{2.39}$$

式中，g 表示参数 θ 的梯度；$\sum$ 表示累积平方梯度；ε 为一个比较小的常数，通常取值为 10^{-7}，以保证网络模型在初始时除法运算的值不会太大。AdaGrad 的一个缺点为，历史久的梯度和最新的梯度的新积累量对当前的学习率具有相同的影响。

(2) RMSProp

RMSProp 法是在 AdaGrad 的基础上进行了改进，将 AdaGrad 的梯度累积量改变为指数加权的移动平均值，从而通过指数衰减平均值来丢弃历史久远的梯度。RMSProp 中引入了一个衰减速率参数 $\rho(0<\rho<1)$，因此，RMSProp 法可表示为：

$$g = \nabla_\theta \sum_{i=1}^n J(\theta;\ x^{(i)},\ y^{(i)}) \tag{2.40}$$

$$\sum{}' = \rho \sum + (1-\rho)g^2 \tag{2.41}$$

$$\Delta\theta = -\frac{\alpha}{\varepsilon + \sqrt{\sum}}g \tag{2.42}$$

$$\theta' = \theta + \Delta\theta \tag{2.43}$$

根据公式，假设网络更新了 k 步，当前的累积梯度和 k 步之前累积梯度之间有一个系数 ρk，随着迭代次数不断增加，历史越久远的累积梯度影响会越小，这样就解决了历史性积累遗留的问题。

(3) Adam

Adam 算法对 RMSProp 作了两处改进：一是将动量直接并入梯度一阶矩的估计；二是偏置修正，对原点初始化的一阶矩和二阶矩的估计进行修正[83]。RMSProp 算法只用到了梯度的二阶矩，而 Adam 算法既考虑了历史累积梯度的二阶矩，又考虑到了一阶矩。Adam 算法采用两个衰减系数 $\rho_1(0<\rho_1<1)$ 和 $\rho_2(0<\rho_2<1)$，分别负责一阶和二阶累积梯度。Adam 法可用公式表示为：

$$\sum{}'_1 = \rho_1 \sum{}_1 + (1-\rho_1)g \tag{2.44}$$

$$\sum{}'_2 = \rho_2 \sum{}_2 + (1-\rho_2)g^2 \tag{2.45}$$

分别对它们进行偏置修正，修正后的一阶矩和二阶矩为：

$$\sum\nolimits_{1}^{''}=\frac{\sum_{1}^{'}}{1-\rho_{1}^{'}} \qquad (2.46)$$

$$\sum\nolimits_{2}^{''}=\frac{\sum_{2}^{'}}{1-\rho_{2}^{'}} \qquad (2.47)$$

最后 Adam 的参数更新可表示为：

$$\theta''=\theta-\alpha\frac{\sum_{1}^{''}}{\sqrt{\sum_{2}^{''}}+\varepsilon} \qquad (2.48)$$

Adam 优化算法可以解决网络模型在优化过程中出现的学习率消失、收敛过慢、损失值震荡等问题，并且对卷积层的超参数的选取不是很敏感，因此成为目前较为综合的优化方法。

2.2.2　Unet、Unet＋＋、Unet3＋网络模型

2.2.2.1　Unet 模型

2015 年，Unet 由 Ronneberger 等人提出[84]。Unet 在神经元结构分割方面取得了巨大的成功，由于功能在层之间传播，因此其框架是突破性的。后续在 Unet 的基础上涌现了许多优秀的架构，如 Unet＋＋、Unet3＋等。

Unet 模型作为全卷积网络的一种，没有全连接层，依赖卷积层、池化层从影像中提取不同的特征，而反卷积层则用来还原影像大小。Unet 模型的优势体现在编码-解码结构和跳跃结构上，Unet 模型因其网络结构为"U"形，所以可以更加清晰地看到提取特征和拼接影像的过程，通过多次、不断的卷积操作与不同层次的特征图像进行拼接，模型可以同时具有上下文信息和细节信息，这样输出的结果更加准确。

如图 2-8 所示，Unet 模型包括收缩路径（左边部分）和扩张路径（右边部分）。输入层为将不同时间段的影像融合后的一幅多波段遥感影像，此网络共有 23 个卷积层。

图 2-8 Unet 网络结构

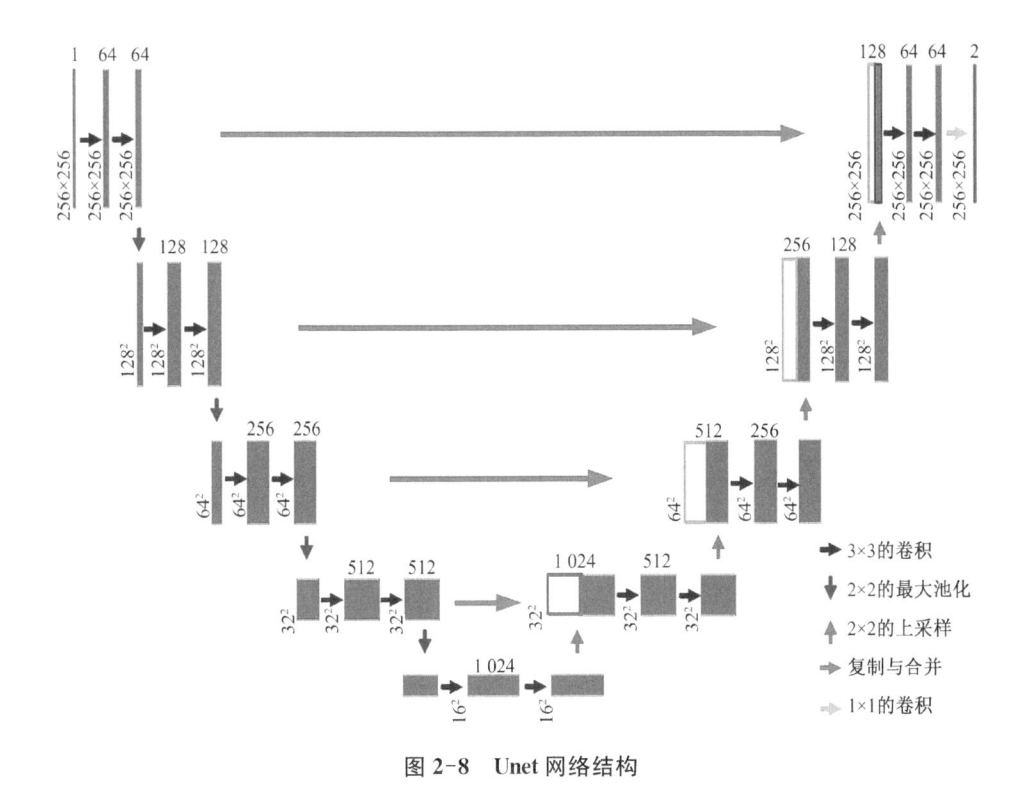

　　收缩路径起到编码的作用，用于逐层提取影像的特征，遵循卷积神经网络的典型结构；收缩路径具有四层结构，每层结构首先包含两个卷积核大小为 3×3 的卷积以及一个 ReLU 激活函数，之后添加 BN 层，防止样本过拟合。随后再添加一个下采样层，它是由一个窗口大小为 2×2 的最大池化层构成，这样就形成了一个循环。经过下采样操作后，影像的大小缩小为之前的一半，特征通道数量变为原来的 2 倍；由于输入图像的分辨率是 256×256，特征通道数是 64×64，所以每层结构的分辨率分别是 128×128、64×64、32×32 和 16×16，特征通道数则分别是 128×128、256×256、512×512 和 1024×1024。

　　扩展路径起到解码的作用，通常用于恢复影像中像素的所在位置。扩展路径与收缩路径呈对称的形式，并具有相同的结构，在对影像进行一次上采样操作之后,分辨率变为原来的2倍,特征通道数缩小为原来的一半。该网络使用了跳跃结构,跳跃结构包括两步,首先是执行1次2×2的上采样操作,这样可以将16×16的分辨率采样成32×32,接着将影像与分辨率同样为32×32的影像相结合,重新形成一个2倍大小的影像,可以使特征信息完整,作为扩展路径中下一层结构的输入;第二步是利用两个卷积核大小为3×3的卷积以及一个ReLU激活函数,同样添加BN层,对该层影像进行卷积,这样就形成了一层结构。将结构重复运行4次,在最后输出时,使用1×1卷积将64波段的影像映射成2波段的影像。对变化结果使用Softmax分类器,得出各个像元在变化类型与非变化类型中的比重,然后设定一个阈值,通过阈值对比重进行重分类,生成最后的变化检测图。

2.2.2.2 Unet++模型

2018年,从DenseNet架构[85]中获得灵感,Zhou等人[86]在Unet网络结构的基础上进行了三方面的改进,提出了Unet++网络结构。该网络模型以Unet网络结构为基础,添加了重新设计的跳跃路径、密集的跳跃连接以及深度监督,它也是Unet非常重要的改进版本之一。如附图1所示,"U"形结构中间绿色部分为重新设计的跳跃路径,有助于减少编码器和解码器子路径之间的语义差距。Unet模型中的跳跃连接重点在于融合编码器和解码器之间语义上不同的特征,Unet++模型则通过将稠密块之前卷积层的输出融合到稠密块相应的上采样输出层以优化语义相似特征映射。蓝色短连接为密集跳跃连接,这种方式可以确保收集到所有的特征映射并到达正确的节点,弥合了编码器和解码器特征图之间的语义鸿沟,帮助改善了梯度流。

以节点$X^{0,4}$为例,在Unet模型中只有一个节点$X^{0,0}$的跳跃连接,而在Unet++模型中节点$X^{0,4}$接收到的是重新设计的跳跃路径中同级的卷积单元的跳跃连接,即节点$X^{0,0}$、$X^{0,1}$、$X^{0,2}$、$X^{0,3}$。附图1中上方实线部分为深度监督,由于重新设计的跳跃路径部分与损失函数处的反向传播是截断的，因此加入一个1×1卷积核对每一个分支的密集卷积块输出进行监督。Unet＋＋网络结构看起来似乎只是嵌入了1至4层的Unet模型，但其内部共享了一个特征提取器，也就是说，尽管组合了多层的Unet，也不需要对每一个Unet进行训练，只需要对一个编码过程进行训练，而不同层次的特征则由不同的解码路径进行还原，同时深度监督的存在使得模型能够进行剪枝操作，从而使模型更加灵活通用。

2.2.2.3 Unet3＋模型

2021年，Huang等人[87]在研究医学影像图像分割时，为将不同尺度特征图的浅层语义信息与深层语义信息相结合，在Unet＋＋基础上，提出Unet3＋网络。无论是连接简单的Unet，还是连接紧密嵌套的Unet＋＋，都缺乏从全尺度探索足够信息的能力，未能明确了解器官的位置和边界。而Unet3＋就去掉了Unet＋＋的稠密卷积块，提出了一种全尺寸跳跃连接。全尺寸跳跃连接改变了编码器和解码器之间的互连以及解码器子网之间的内连接，让每一个解码器层都融合了来自编码器中的小尺度和同尺度的特征图，以及来自解码器的大尺度的特征图，这些特征图捕获了全尺度下的细粒度语义和粗粒度语义。同时，Unet3＋还删除了中间节点，减少了模型参数量，使模型结构更加简洁，如图2-9所示。

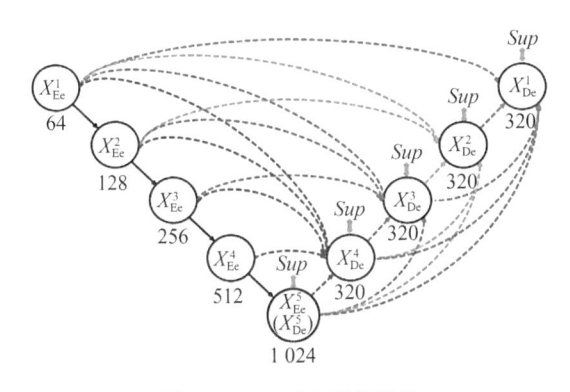

图2-9 Unet3＋网络结构

例如，图 2-10 是 X_{De}^3 特征图的生成过程，它融合了编码器的小尺度特征图 X_{Ee}^1、X_{Ee}^2，解码器的大尺度特征图 X_{De}^4、X_{De}^5，以及同尺度的特征图 X_{Ee}^3。但因为这些特征图与 X_{Ee}^3 的特征图尺寸和通道数不一致，因此小尺度的特征图需要经过下采样相应的倍数，大尺度的特征图需要上采样相应的倍数，才可以和 X_{Ee}^3 的特征图进行融合，然后再经过 320 个 3×3 的卷积核进行卷积，最后经过 BN + ReLU 操作得到 X_{De}^3 的特征图，实现全尺度特征融合。

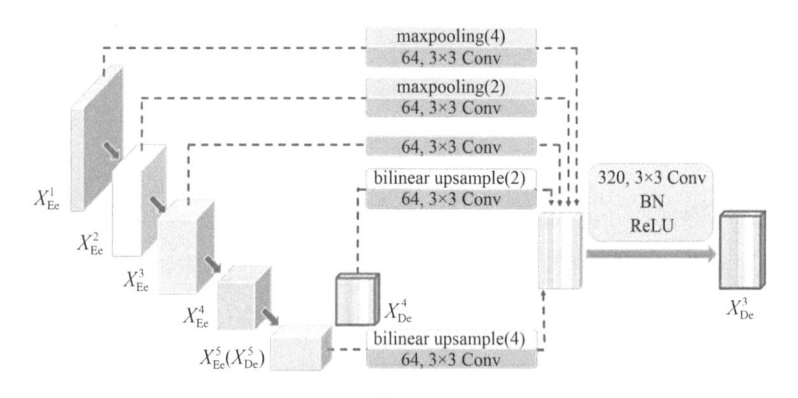

图 2-10　Unet3＋X_{De}^3 特征图的生成过程图

Unet3＋的全尺度深度监督与 UNet＋＋中深度监督的不同之处在于监督的位置不同，前者监督的是网络解码器每个阶段输出的特征图，后者监督的是网络第一层中的四张特征图。此外，在 Unet3＋中，为了实现深度监督，每个解码器阶段的最后一层先被送入一个普通的 3×3 卷积层，然后送入一个双线性上采样层和一个 Sigmoid 函数层。

Unet 是一个经典的网络设计方式，在图像分割任务中有大量的应用。许多新的方法在此基础上进行改进，融合更加新的网络设计理念，但目前几乎没有人对这些改进版本作过比较综合的比较。由于同一个网络结构可能在不同的数据集上表现出不一样的性能，在具体的任务场景中还应结合数据集来选择合适的网络。

2.3　多时相遥感数据收集

本研究遥感影像数据源为中国高分卫星遥感影像 1 号，包含红绿蓝三波段，分辨率为 2 m。前时相为 2021 年 5 月，后时相为 2022 年 5 月，影像基本参数信息见表 2-1。前后时相影像对比如图 2-11 所示。

表 2-1　两期高分遥感影像基本参数

时相	坐标系	波段数	角度单位	行列号	位深
202105	GCS_WGS_1984	3	度 (0.0174532925199433)	49982，77996	16 bit
202205	GCS_WGS_1984	3	度 (0.0174532925199433)	49982，77996	8 bit

(a) 2021 年 5 月　　　　　　　　(b) 2022 年 5 月

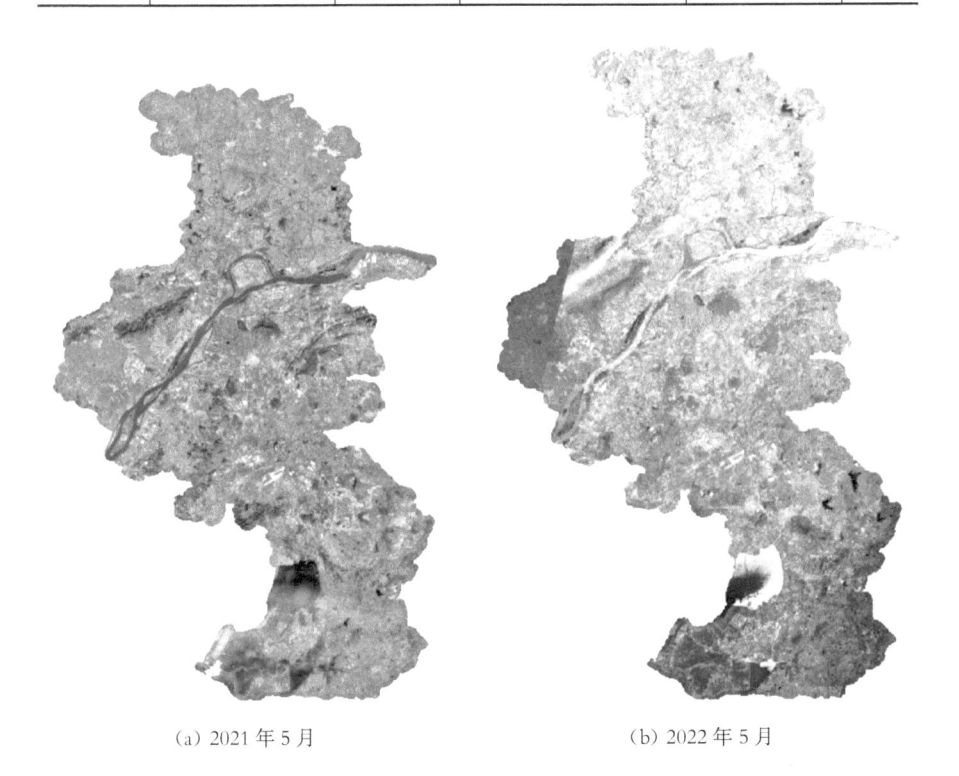

图 2-11　前后时相影像对比图

2.4 遥感数据预处理

在遥感影像成像过程中，卫星传感器所接收到的光谱反射率等信息与实际地物真实值存在一定的偏差。影像受到太阳角度和位置、传感器本身性能等的影响，从而产生几何失真、辐射失真和大气消光等现象，进一步影响对遥感影像数据的提取和判读。为了确保能正确评价影像地物的光谱特性，消除失真造成的负面影响，在进行融合处理前，要先对原始影像进行一系列的纠正，从而提高影像数据的质量和应用，使其达到图像解译的要求。本研究采取的预处理措施包括大气校正、几何校正、深度转换和直方图匹配。采用ArcGIS9.3对影像进行操作，为研究影像融合方法做好前期数据准备。

2.4.1 大气校正

由于卫星原始影像存在一定的误差，记录到的地物反射率信息受到大气、邻近地物和地形等因素的影响。为了进一步研究地物表面的光谱属性，需对原始影像进行辐射定标、大气校正等操作，从大气等信息中分离出真实的反射信息。

1）辐射定标操作

辐射定标的目的是消除传感器系统本身、大气及太阳高度角等造成的干扰，以获取真实反射率数据，作为大气校正的准备过程。辐射定标在进行遥感影像数据分析时，以数字量化值（Digital Number，DN）格式进行定量化记录。本研究选用的定标类型为辐射亮度值，将DN值转变为辐射亮度值，定标具体公式如下：

$$L = \text{Gain} \times \text{DN} + \text{Offset} \quad (2.49)$$

式中：L为辐射亮度值；Gain、Offset为辐射定标的增益、偏移参数；DN为像元灰度值，无量纲。

通过辐射校正（Radiometric Correction）中的辐射定标（Radiometric Calibration）工具进行相关参数设置，定标类型选择 Radiance，数据类型输出为 Float，系数为 0.1，并将辐射定标数据结果保存并输出。

2）大气校正操作

大气校正操作，可以有效降低或者消除大气层中氧气、其他颗粒物等因素对传感器图像的干扰，并将定标后的辐射亮度值转变为地表反射率，以获取到地物真实的反射率值。本研究采用的是 FLAASH（Fast Line-of-sight Atmospheric Analysis of Spectral Hypercubes）模型，它是常用的两种大气校正工具之一。模型基于太阳波谱范围（不包括热辐射）和平面朗伯体，具有适用性强、精度高、效率高的优点。辐射亮度的具体公式为：

$$L = \left(\frac{A\rho}{1-\rho_e S}\right) + \left(\frac{B\rho}{1-\rho_e S}\right) + (L_a) \quad (2.50)$$

式中，ρ 为像素表面反射率，ρ_e 为像素周围平均表面反射率，S 为大气球面反照率，L_a 为大气程辐射，A、B 取决于大气条件和几何条件，L 为总辐射亮度。

通过 Radiometric Correction 中的 Atmospheric Correction Module，选择 FLAASH 模型，导入经过辐射定标后的数据进行大气校正处理。影像区域的平均高程通过软件自带的全球高程数据进行计算。由于研究区中心纬度为 34°，影像成像时间为 1~6 月。因此，气溶胶模型选择城市，大气模型选择中纬度夏季（Mid-Latitude Summer，MLS）。经过大气校正后，图像亮度、清晰度、层次感和纹理信息都有所增强。

2.4.2 几何校正

图像的几何变形通常分为系统性变形和非系统性变形两大类。系统性变形一般由传感器本身触发，具有规律性和可预测性。而大气折射和地球曲率等造成的误差的不规则变形为非系统性变形，表现为地物形态相较真实地物形态存在平移、弯曲、旋转等不规则变化。为了消除这些变化造成的干扰，选择一幅影像作为基准图，对其他影像进行配准校正。通过选择多个控制点，同时将图像投影到平面上，使相同地物能出现在同一位置，从而提高遥感影像的准确度和可信度。

2.4.3 深度转换

原始遥感影像前时影像为 16 bit 栅格数据，后时影像为 8 bit 栅格数据。为了保证遥感影像切片样本位深度能够满足深度学习网络输入要求，以及变化检测中两幅遥感影像能够融合在同一张输入图中，需要提前将遥感影像位深度统一处理为 8 bit。

2.4.4 直方图匹配

在拍摄遥感影像的过程中，受光照、相机参数、大气等条件变化的影响，不同时序高分辨率遥感影像在整体色彩表现上可能存在很大的差异，然而色彩的差异性在一定程度上不利于分析影像的某些特征变更，因此，为了尽可能保持两幅不同时期遥感图像的色彩一致性，运用直方图匹配是必不可少的关键步骤。图像直方图匹配是利用图像的灰度直方图客观地反映图像的灰度分布，并通过转换影像的直方图使其与另一幅图像的色彩相似，然后减小影像之间的辐射差异，从而达到辐射匹配的目的。直方图的匹配如图 2-12 所示。

(a) 前历史时期图像　　　(b) 后历史时期图像　　　(c) 匹配结果

图 2-12　直方图匹配

2.5 数据集制作

2.5.1 扰动图斑数据集

数据集样本在江苏省水土保持信息化监管标注的扰动图斑基础上，结合前后两期遥感影像对比进行标注。

1）目标识别生产建设项目扰动图斑数据集

部分样本切片如图 2-13 所示。

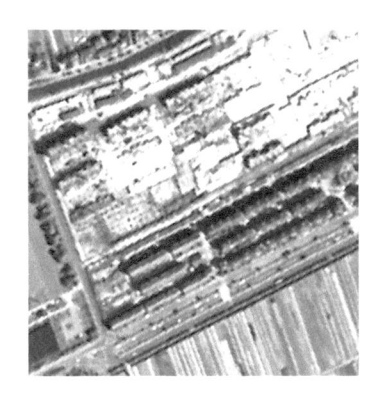

(a) 切片 1　　　　(b) 切片 2

(c) 切片 3

图 2-13　目标识别生产建设项目扰动图斑数据集

2) 变化检测生产建设项目扰动图斑数据集

部分样本切片如图 2-14 所示。

(a) 切片 1

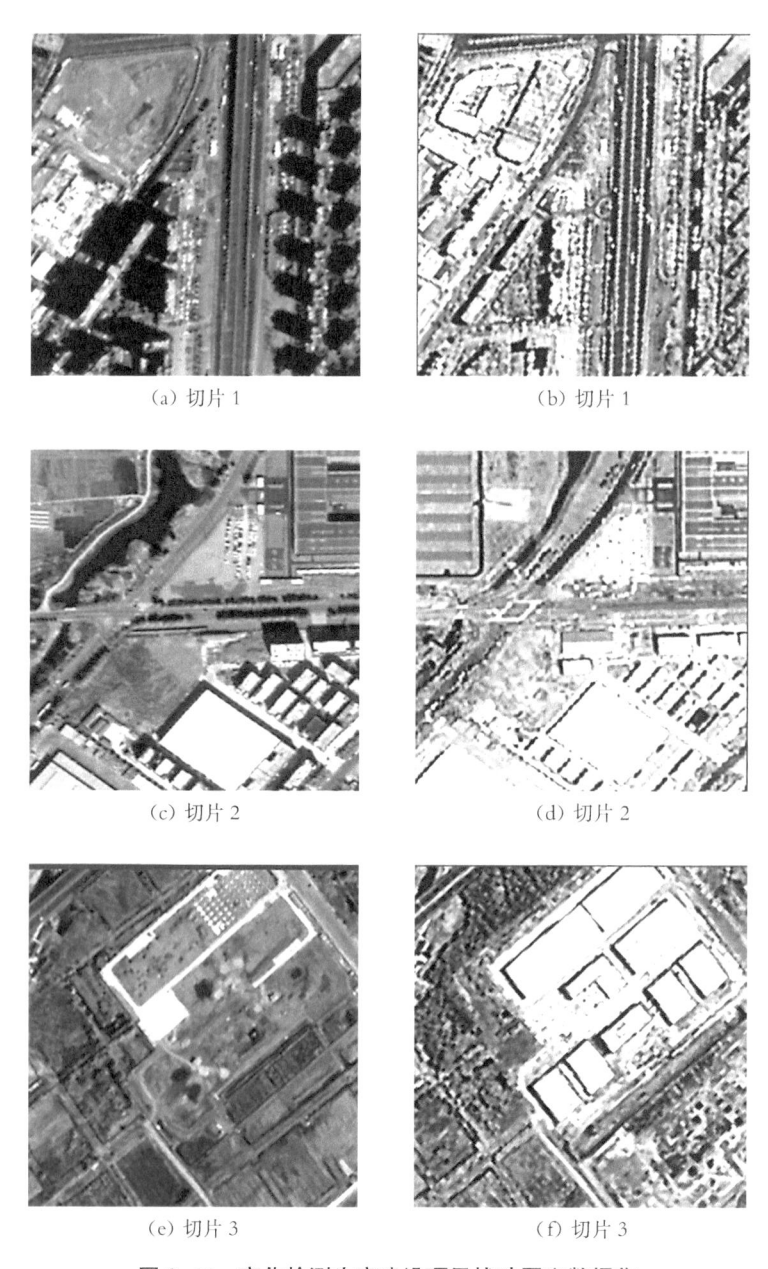

(b) 切片 1

(c) 切片 2

(d) 切片 2

(e) 切片 3

(f) 切片 3

图 2-14　变化检测生产建设项目扰动图斑数据集

2.5.2 数据集标注

现有的标注数据软件有 labelme、labelImg、Annotorious、RectLabel、VGG Image Annotator（VIA）和 ArcGIS 等，其主要适用于图像分割任务和目标检测任务的数据集制作。目标识别数据集标注的原理即将扰动图斑标记为 1，非扰动图斑标记为 0。变化检测数据集标注的原理即将变化部分标记为 255，非变化部分标记为 0。本研究采用 ArcGIS 9.3 的制作样本工具对遥感影像进行数据标注。在 ArcGIS 9.3 中，利用深度学习工具中的导出训练数据进行切片制作，导入已勾绘的扰动图斑矢量文件和遥感影像，即可得到切片大小为 256×256 像素的图像和对应标签。部分数据集标注结果见图 2-15、图 2-16。

(a) 切片 1    标签 1

(b) 切片 2    标签 2

(c) 切片 3　　　　　　　　　　　　　标签 3

图 2-15　部分目标识别数据集标注结果

(a) 2021 年 5 月　　　　　2022 年 5 月　　　　　变化标签

(b) 2021 年 5 月　　　　　2022 年 5 月　　　　　变化标签

(c) 2021 年 5 月　　　　　　2022 年 5 月　　　　　　　变化标签

(d) 2021 年 5 月　　　　　　2022 年 5 月　　　　　　　变化标签

(e) 2021 年 5 月　　　　　　2022 年 5 月　　　　　　　变化标签

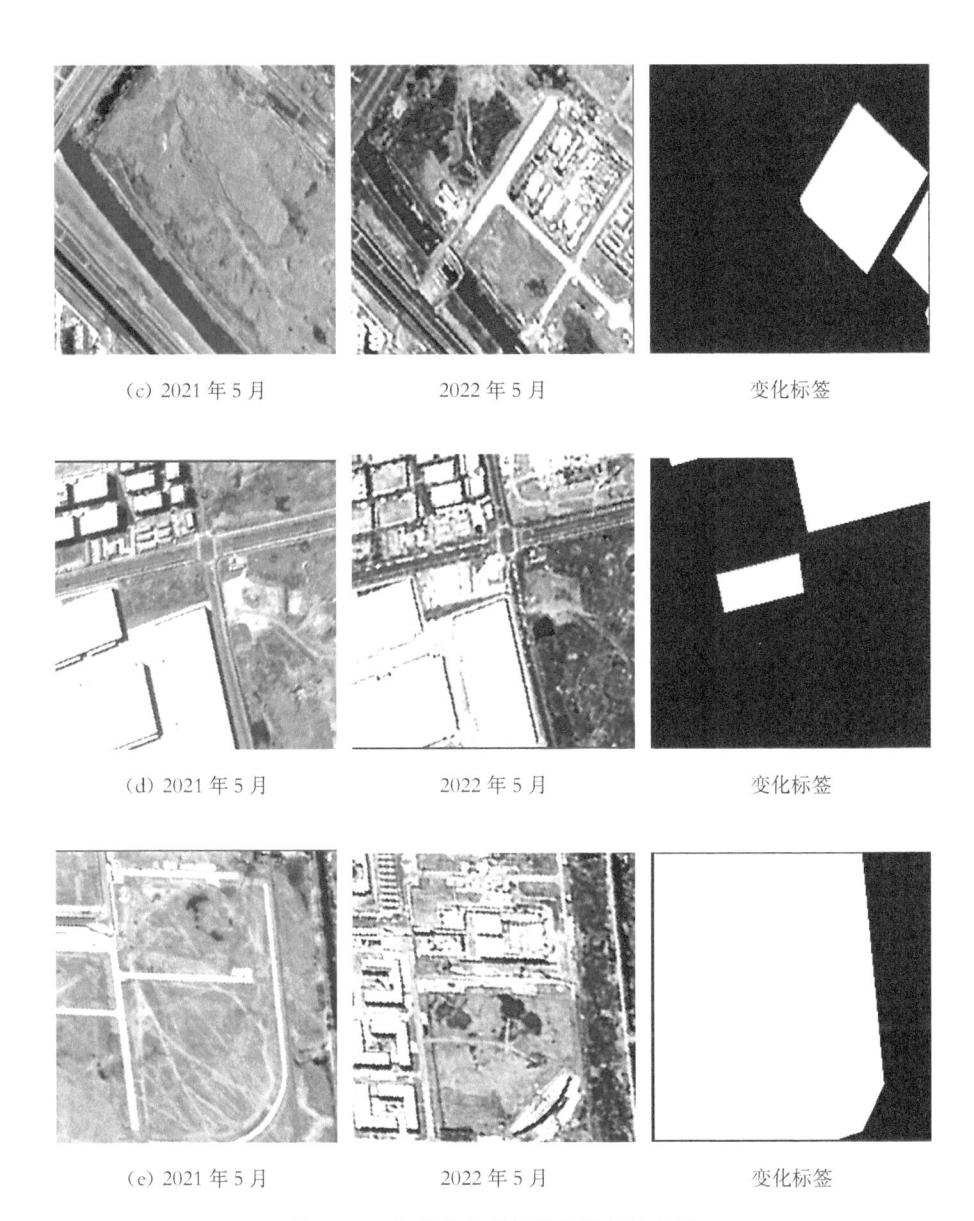

图 2-16　部分变化检测数据集标注结果

通常把训练的数据分为训练集、测试集和验证集三个文件夹（如图 2-17 所示）。制作好的数据集分为 train、val、test 三个部分，每个部分切片和 label 文件夹分别保存图像和对应的扰动图斑标签。

图 2-17 数据集划分

2.5.3 数据集增广

深度学习用于图像处理的分类任务，需要大量的图像数据集进行网络训练，当训练集的样本不足时，很容易引起网络的过拟合学习，从而导致对验证集的预测结果不准确。可以对本书网络模型训练所使用的数据集进行数据增广，通过丰富样本数据来提升深度神经网络的泛化能力。采样操作是数据增广的一种方式，同时对采样后的影像数据进行几何变换也可以增加数据集的数量。

ArcGIS 9.3 深度学习数据集制作参数设置：切割大小为 256×256，x、y 方向的滑动步幅均为 256，切割旋转角度为 $30°$。将标注样本按 8∶1∶1 的比例划分为训练集、验证集、测试集。构建数据集时，可通过代码对验证集和训练集样本进行水平翻转、垂直翻转、随机裁切、上下左右平移等变换，增广样本数据。下文介绍几种常用的变换方式。

随机旋转变换：对图像随机旋转一个角度。

大小缩放变换：对图像随机向内缩小向外扩展。

上下左右平移变换：以一定的步幅将图像在水平或者垂直方向上平移。

随机裁切：对图像进行随机的裁切，得到不同位置局部的图像。

对比度变换：随机为图像设置对比度转换系数，以调整图像的对比度。

数据集增广后，目标识别生产建设项目扰动图斑数据集数量为 5 824 个，变化检测生产建设项目扰动图斑数据集数量为 6 799 个。

2.6 运行环境

2.6.1 飞桨平台简介

飞桨（PaddlePaddle）以百度多年的深度学习技术研究和业务应用为基础，集深度学习核心训练和推理框架、基础模型库、端到端开发套件、丰富的工具组件于一体，是中国首个自主研发、功能丰富、开源开放的产业级深度学习平台。在 2021 年底，飞桨已经超越其他竞争对手，稳居两个老牌深度学习框架 TensorFlow、PyTorch 之后，成为全球第三大深度学习框架平台。AI Studio 是基于百度深度学习开源平台飞桨的人工智能学习与实训社区，为开发者提供了功能强大的线上训练环境、免费的 GPU 算力及存储资源。

2.6.2 电脑配置

本书运行深度学习的软件环境和硬件配置信息如表 2-2 所示。

表 2-2 软件环境和硬件配置

	名称	配置信息
软件环境	操作系统	Windows10
	语言	Python 3.7
	深度学习框架	PaddlePaddle2.2.2
	PaddleSeg	PaddleSeg release/2.4
	CUDA	CUDA10.2
硬件配置	开发平台	AI Studio、BML CodeLab
	GPU	Tesla V100
	CPU	2 cores
	内存	16 GB
	显存	16 GB
	硬盘	100 GB

2.7 精度评价指标

使用网络模型进行遥感图像变化检测后,需选择合适的模型评价指标对实验结果进行有效评估。二值变化检测任务本质上属于分类问题,高分辨率遥感图像变化检测任务常见的评估指标有:精确率(Precision)、召回率(Recall)、F1 分数(F1 Score)、平均交并比(Mean Intersection over Union,MIoU)、准确率(Accuracy)、Kappa 系数(KC)。

在分类任务中,混淆矩阵(Confuse Matrix)可以同时体现模型的验证结果和样本标签值,常作为分类问题的精度评价标准。混淆矩阵的基本信息如表 2-3 所示。

表 2-3 混淆矩阵

真实情况	变化类别	未变化类别
预测为变化	TP(真阳性)	FN(假阳性)
预测为未变化	FP(假阴性)	TN(真阴性)

表 2-3 中,TP(True Positive)为变化类别且预测为变化结果的样本数。TN(True Negative)为未变化类别且预测为未变化结果的样本数。FN(False Negative)为未变化类别但预测为变化结果的样本数。FP(False Positive)为变化类别但预测为未变化结果的样本数。

(1)精确率(Precision),其数学计算公式如(2.51)所示:

$$P = \frac{TP}{TP+FP} \tag{2.51}$$

(2)召回率(Recall,用 R 表示),其数学计算公式如(2.52)所示:

$$R = \frac{TP}{TP+FN} \tag{2.52}$$

(3) F1 分数（F1 Score），F1 值综合考虑精确率和召回率两个指标，用于综合反映整体的指标。其数学计算公式如（2.53）所示：

$$F1 = \frac{2 \cdot P \cdot R}{P + R} = \frac{2TP}{2TP + FN + FP} \tag{2.53}$$

(4) 平均交并比（Mean Intersection over Union，MIoU）是语义分割中的评价指标。平均交并比 MIoU 是图像中像素的真实值与预测值的交集与两者并集之间的比例。其数学计算公式如（2.54）所示：

$$MIoU = \frac{TP}{FN + FP + TP} \tag{2.54}$$

(5) 准确率（Accuracy，用 Acc 表示），其数学计算公式如（2.55）所示：

$$Acc = \frac{TP + TN}{TP + FP + FN + TN} \tag{2.55}$$

(6) Kappa 系数（KC），Kappa 系数用来表示一致性的检验，衡量分类效果。评价模型预测结果多大程度上符合真实参考值，其数学计算公式如（2.56）所示：

$$P_e = \frac{(TN + FN)(TN + FP) + (FP + TP)(FN + TP)}{(TP + TN + FP + FN)^2}$$

$$KC = \frac{P_0 - P_e}{1 - P_e} \tag{2.56}$$

式中，P_0 为总体精度，P_e 为偶然一致性误差。

值得注意的是，变化检测任务只针对正类（即变化类）样本计算上述指标作为算法的评估标准，即本书实验结果中的 P、R、F1 和 MIoU 分别表示正类样本的精确率、召回率、F1 分数和平均交并比。以上指标值越接近于 1 表示效果越好。

2.8　本章小结

本章首先对南京市概况进行了介绍。在研究方法上，从神经网络基本结构、卷积神经网络的训练方法、优化算法等方面详细介绍了深度学习计算原理，并阐述 Unet、Unet++、Unet3+ 等深度学习网络模型的结构与特点。其次，介绍了本研究所用到的多时相遥感数据基本参数，并阐述了相应的预处理步骤，包括大气校正、几何校正、深度转换、直方图匹配等。再次，从扰动图斑数据集选择、标注、增广等方面对数据集制作进行了详细说明。最后，介绍了本实验的软件环境和硬件配置，介绍了语义分割模型常用的精度评价指标以及各个指标评价的侧重点，为后续的扰动图斑变化检测实验做好可靠的数据准备。

3

基于单时相遥感影像的扰动图斑目标识别研究

为模拟实际解译工作中只有单期遥感影像数据或不同时相影像数据异质性过大难以进行配准同步的情况，本章基于单时相遥感影像进行生产建设项目扰动图斑提取研究，对比分析不同深度学习模型目标识别策略下的解译效能。

3.1 Unet 训练

3.1.1 训练过程

在 PaddlePaddle 深度学习框架系统中，实验数据为目标识别生产建设项目扰动图斑数据集，本节对 Unet 网络进行训练、验证，得到参数调整后的训练模型。

在模型训练过程中，学习策略为高斯随机初始化参数；采用 Adam 优化器；损失函数采用混合损失函数；学习率采用余弦退火策略，通过余弦函数来降低学习率（余弦函数中，随着 x 的增加，余弦值首先缓慢下降，然后加速下降，再缓慢下降。这种下降模式能和学习率配合，以一种十分有效的计算方式来产生很好的效果）；使用 ReLU 作为激活函数。

深度学习中，超参数 Batchsize 为批大小，每次训练都在训练集中提取 Batchsize 个样本进行训练。Epoch 为训练轮数，1 个 Epoch 等于使用训练集中的全部样本训练一次。Iters 为迭代次数，总迭代次数等于轮数 Epoch

乘以训练集样本数除以 Batchsize 大小，完成一个 Batchsize 大小的样本训练为一个 Iters。

超参数初始设置：学习率为 8×10^{-5}，损失函数采用 BCELoss（二元交叉熵损失函数），Epoch 为 30 轮，三组 Batchsize 分别为 4、8、16。训练过程中，损失函数变化曲线如附图 2 所示。在相同的迭代轮数（Epoch 为 30 轮）条件下，不同批大小下的损失函数曲线下降趋势基本一致，网络模型在训练阶段初期时，损失函数值由 0.66~0.70 迅速降低到 0.3 左右，然后降速放缓，随后损失函数值以反复震荡的状态逐步下降，在 30 轮训练结束后仍有进一步收敛的空间。

综合观察损失函数曲线变化趋势，以 Batchsize 为 4 的训练组训练过程中的损失函数曲线震荡最为明显，Batchsize 为 16 的训练组的损失函数曲线震荡最小。最终在训练结束时，Batchsize 为 4、8、16 的训练组的损失函数值分别在 0.117、0.145、0.175 左右处。曲线总体呈下降趋势，训练结束时震荡状态仍未停止，模型训练仍有进一步提升的空间。

3.1.2 精度评价

Unet 网络模型进行训练后，不同 Batchsize 下得到的训练总体准确率（Acc）变化曲线如图 3-1 所示。从图中可以看出各训练组的准确率曲线变化趋势基本一致，大致可分为初次上升期、平台期与二次上升期三阶段。

以 Batchsize 为 4 的训练组为例。0~4 000 Iters 的训练时期为初次上升期，在这一阶段，模型的训练总体准确率快速提升，从 0.82 提升至 0.92 左右；4 000~23 000 Iters 为平台期，大致对应损失函数曲线缓降的时期，在此期间，网络模型的训练总体准确率呈现平稳缓升状态；在 23 000~25 000 Iters 出现回跌现象，这一阶段初期，准确率出现明显下滑，但随后模型准确率脱离谷底并稳步回升，最终超越原有峰值。

训练结束时，在验证集上 Batchsize 为 4、8、16 的各训练组总体准确率分别达到 0.951 8、0.946 5、0.940 1。

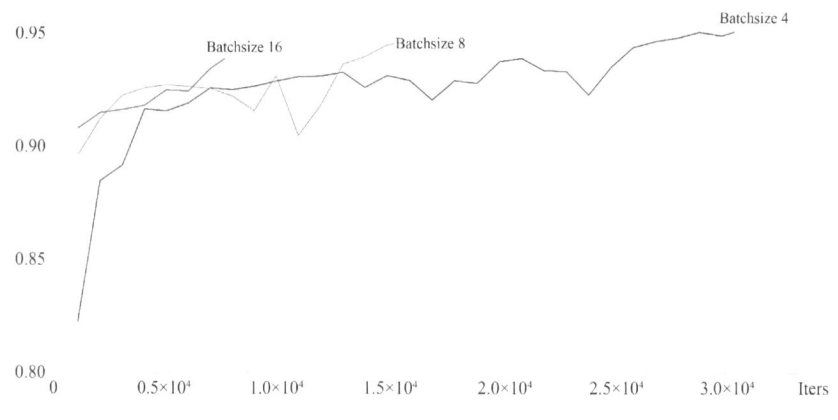

图 3-1　基于单时相的 Unet 模型训练准确率变化曲线

Unet 网络模型进行训练后,得到的训练平均交并比(MIoU)变化曲线如图 3-2 所示。观察不同 Batchsize 下各训练组 MIoU 的总体变化趋势,除 Batchsize 为 4 的训练组初期的平均交并比起始点更低外,各训练组平均交并比的总体走向基本一致。

以 Batchsize 为 4 的训练组为例。0~4 000 Iters 为初次上升期,此阶段平均交并比快速提升,从 0.61 提升至 0.77 左右;随后到 4 000~16 000 Iters 为平台期,大致对应损失函数曲线的缓降时期,在此期间随着训练轮数的增加,网络模型的平均交并比进入平台期,总体趋于平稳并无明显变化;16 000~24 000 Iters 为震荡期,该阶段平均交并比出现了大幅震荡,但在这一时期结束后迎来了二次上升期,平均交并比脱离反复震荡的状态并获得进一步提升。

训练结束时,在验证集上 Batchsize 为 4、8、16 的各训练组平均交并比分别达到 0.845 7、0.832 8、0.813 4。MIoU 代表模型预测值与标签真实值的交集与二者并集的比例,该比例越接近于 1,说明模型识别越准确。本次训练中,Unet 网络模型的平均交并比相对较高,说明网络模型对扰动图斑具备良好的识别能力。

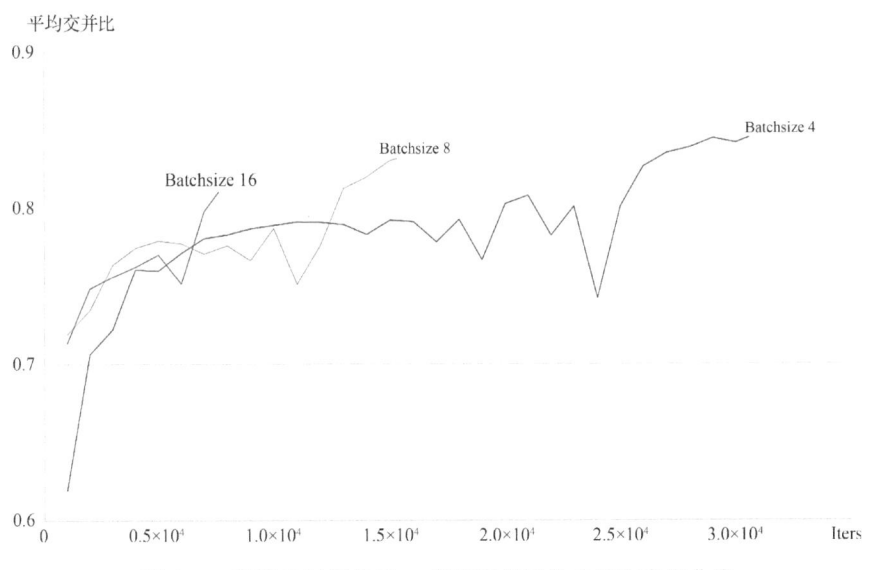

图 3-2　基于单时相的 Unet 模型训练平均交并比变化曲线

图 3-3 展示了不同 Batchsize 下 Unet 模型训练得到的 F1 分数评价指标变化曲线。除 Batchsize 为 4 的训练组 F1 分数在初期起始点更低外，各训练组 F1 分数的总体走向基本一致。

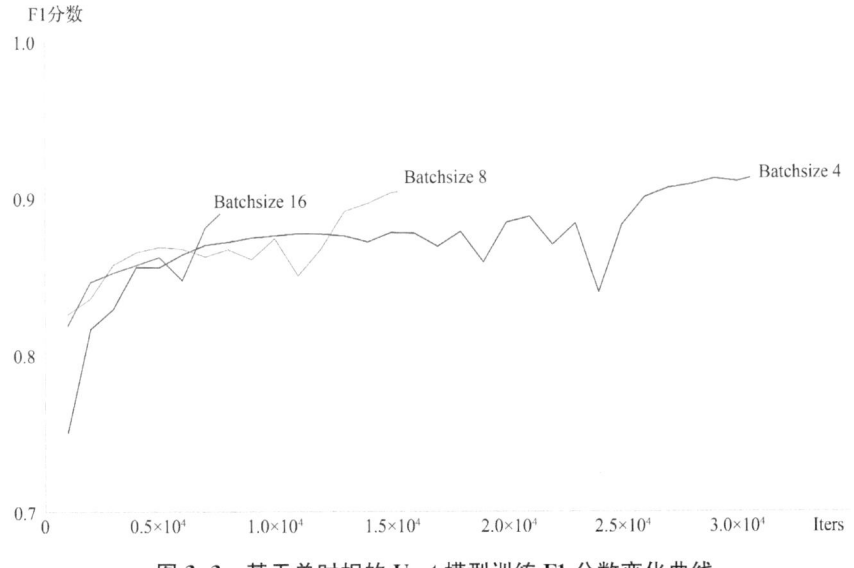

图 3-3　基于单时相的 Unet 模型训练 F1 分数变化曲线

以 Batchsize 为 4 的训练组为例。0～4 000 Iters 时期为初次上升期，这一阶段 F1 分数快速提升，从 0.75 提升至 0.86 左右；4 000～18 000 Iters 为平台期，随着训练轮数的增加，F1 分数总体维持在一个稳定的数值，并无明显变化；18 000～24 000 Iters 为震荡期，这一阶段初期 F1 分数出现了大幅震荡，后期随着损失函数曲线的进一步下降，F1 分数脱离反复震荡的状态并在初次上升期的基础上获得进一步提升。

训练结束时，在验证集上 Batchsize 为 4、8、16 的各训练组的 F1 分数分别为 0.913 4、0.905 2、0.892 5。从公式上理解，F1 分数综合了精确率与召回率，能反映模型的整体性能，当为完美分割时，该值为 1。本次训练得出的 F1 分数说明训练出的模型效果较好。

Unet 网络模型进行训练后，得到的训练 Kappa 系数变化曲线如图 3-4 所示。除初期 Batchsize 为 4 的模型组 Kappa 系数起始点更低、增幅趋势更显著外，不同 Batchsize 下 Kappa 系数总体变化趋势基本一致。

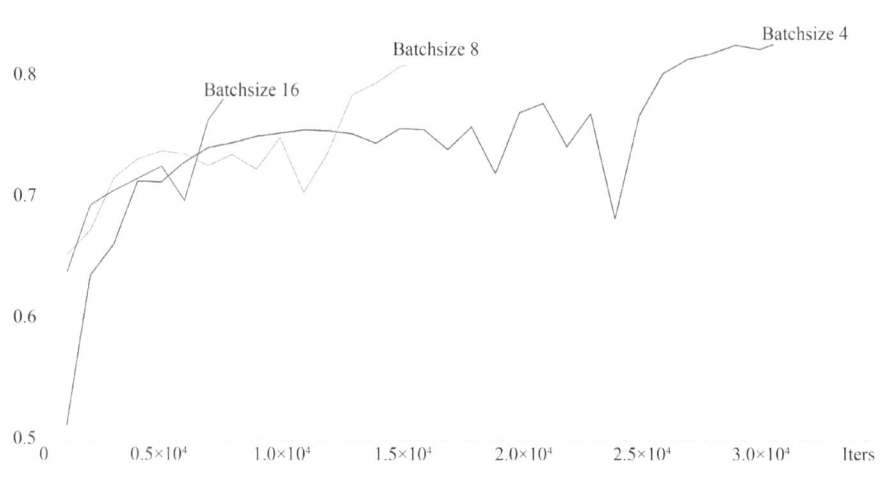

图 3-4　基于单时相的 Unet 模型训练 Kappa 系数变化曲线

以 Batchsize 为 4 的训练组为例，0～4 000 Iters 为初次上升期，此阶段总体 Kappa 系数快速提升，从 0.51 提升至 0.72 左右；4 000~16 000 Iters 为平台期，此阶段内随着训练轮数的增加，Kappa 系数总体稳定在一个区间内；16 000~24 000 Iters 为震荡期，该阶段 Kappa 系数出现了陡降与震荡，之后随着损失函数曲线的进一步下降，Kappa 系数脱离反复震荡的状态并较第一次峰值获得进一步提升。

训练结束时，在验证集上 Batchsize 为 4、8、16 的各训练组的 Kappa 系数分别为 0.826 7、0.810 5、0.785 0。通常 Kappa 系数取值为 0~1，可分为五组来表示不同级别的一致性：0.0~0.20 为极低的一致性（slight），0.21~0.40 为一般的一致性（fair），0.41~0.60 为中等的一致性（moderate），0.61~0.80 为高度的一致性（substantial），0.81~1 为几乎完全一致（almost perfect）。本次训练的 Kappa 系数除 Batchsize 为 16 的训练组在 0.61~0.80 区间，其余训练组均在 0.81~1 区间，表明模型的预测效果与实际情况几乎完全一致。

3.1.3 预测结果

Unet 网络模型中 Batchsize 分别为 4、8、16 的训练组在测试集上的预测评价指标如表 3-1 所示，对比发现各训练组的总体准确率（Acc）、平均交并比（MIoU）、F1 分数、Kappa 系数均相差不大，其中以 Batchsize 为 4 的训练组所有评价指标表现最好，Acc、MIoU、F1 分数、Kappa 系数分别为 0.951 8、0.845 7、0.913 4 和 0.826 7，训练时间为 1 h 18 min。

表 3-1 基于单时相的 Unet 模型评价指标

批大小 (Batchsize)	准确率 (Acc)	平均交并比 (MIoU)	F1 分数 (F1 Score)	Kappa 系数 (KC)	训练时间
4	**0.951 8**	**0.845 7**	**0.913 4**	**0.826 7**	1 h 18 min
8	0.946 5	0.832 8	0.905 2	0.810 5	1 h 04 min
16	0.940 1	0.813 4	0.892 5	0.785 0	0 h 55 min

因此以 Batchsize 为 4 的训练组为最优模型在测试集上进行预测效果验证，预测结果如图 3-5 所示。对预测图像进行分析可知，基于 Unet 模型

的单时相遥感影像生产建设项目扰动图斑预测识别效果良好，分割结果与实际标签边界基本吻合，边缘较清晰平滑，有少量误检，基本无漏检与冗余特征。预测结果接近于标签图像，模型比较稳定。

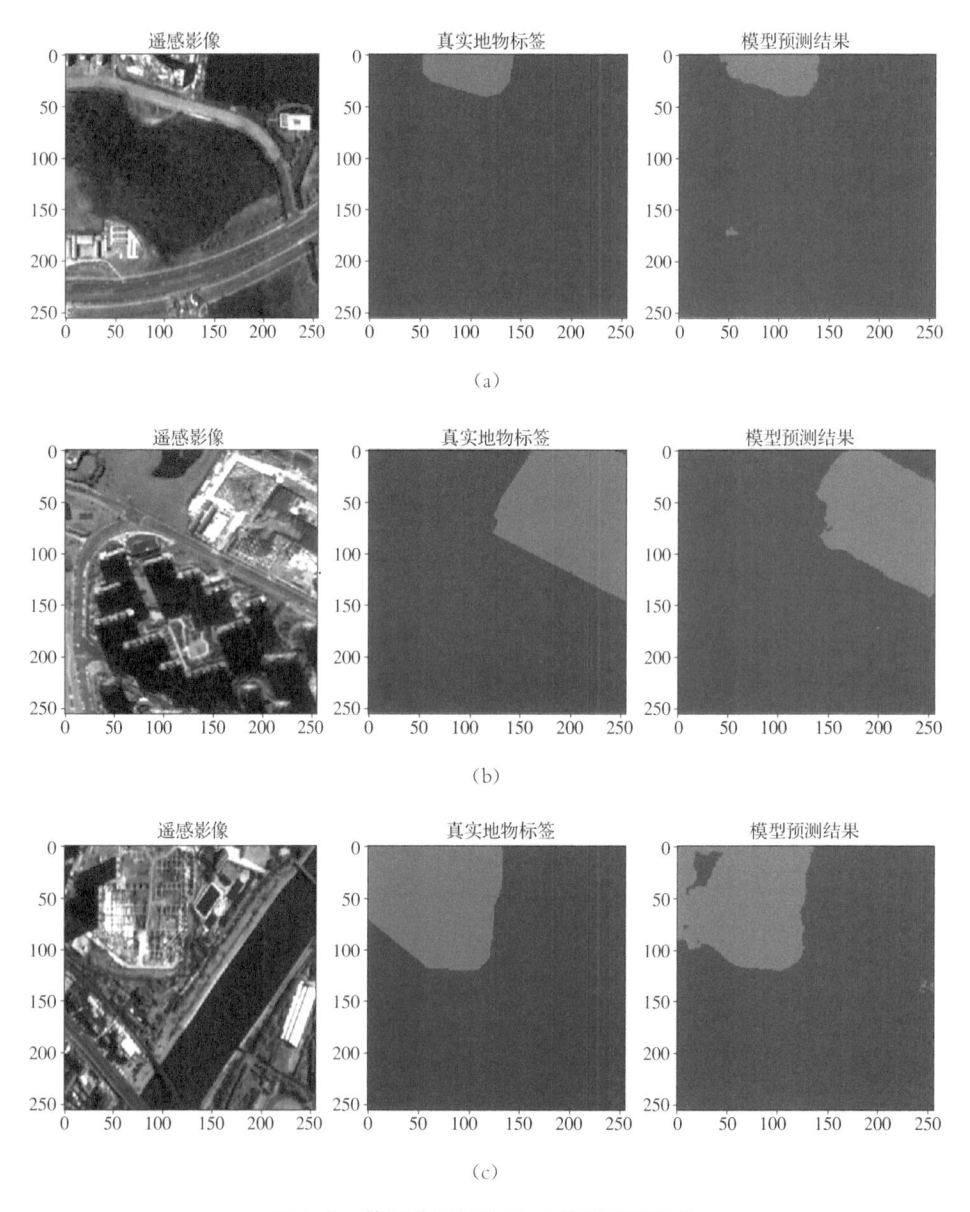

(a)

(b)

(c)

图 3-5 基于单时相的 Unet 模型预测结果

3.2 Unet++训练

3.2.1 训练过程

在 PaddlePaddle 深度学习框架系统中，实验数据为目标识别生产建设项目扰动图斑数据集，本节对 Unet++ 网络进行训练、验证，得到参数调整后的训练模型。

在模型训练过程中，同 Unet 模型一样，设置学习策略为高斯随机初始化参数，采用 Adam 优化器，损失函数采用混合损失函数，学习率采用余弦退火策略，通过余弦函数来降低学习率，使用 ReLU 作为激活函数。

超参数初始设置：学习率为 8×10^{-5}，BCELoss 权重为 0.3，Lovasz-SoftmaxLoss 权重为 0.7，Epoch 为 30 轮，Batchsize 分别为 4、8、16。训练过程损失函数变化曲线如附图 3 所示。在相同的迭代轮数（Epoch 为 30 轮）的条件下，不同批大小（Batchsize）下的损失函数曲线下降趋势基本一致，其中 Batchsize 为 4 的训练模型损失函数振幅最大，但也获得了更低的损失函数值。网络模型在训练阶段初期时，损失函数由 0.56~0.65 迅速降低到 0.40 左右，随后到中期损失函数值各自稳定在某一区间并伴有波动，最后在后期摆脱僵持状态迎来第二次下降。

3.2.2 精度评价

Unet++ 网络模型进行训练后，不同 Batchsize 下得到的训练总体准确率（Acc）变化曲线如图 3-6 所示。从图中可以看出不同 Batchsize 的准确率曲线变化趋势基本一致。以 Batchsize 为 4 的训练组为例。0~3 000 Iters 为初次上升期，准确率快速上升；3 000~15 000 Iters 为平台期，大致对应损失函数曲线的僵持阶段时期，准确率以小波动状态缓升；在 15 000～26 000 Iters 时，准确率出现了较为剧烈的波动，结束后准确率迎来第二次上升，在训练结束时达到新峰值。

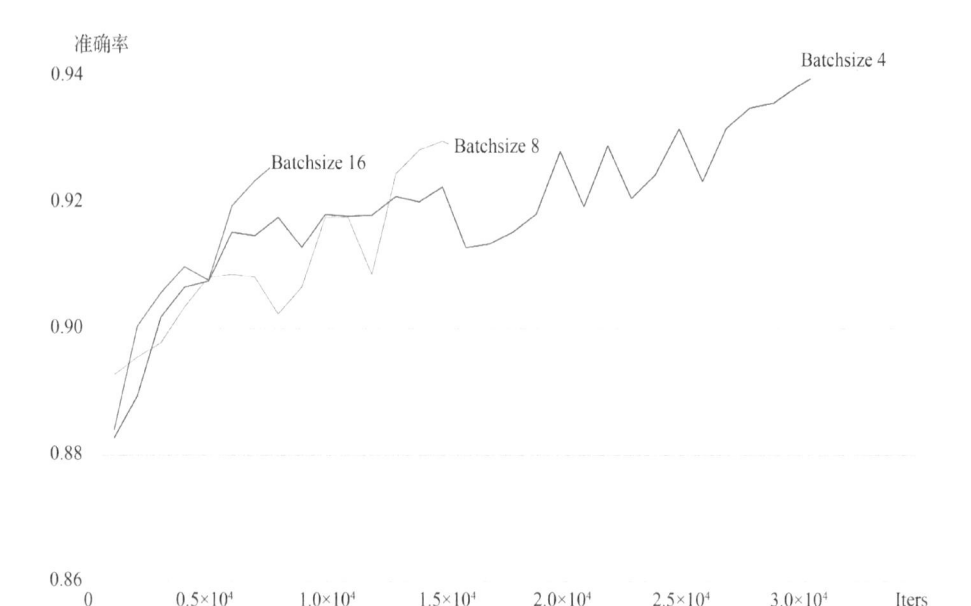

图 3-6 基于单时相的 Unet++模型训练准确率变化曲线

训练结束时 Batchsize 为 4、8、16 的各训练组在验证集上的总体准确率分别为 0.939 8、0.929 9、0.925 9。

Unet++网络模型进行训练后，得到的训练平均交并比（MIoU）变化曲线如图 3-7 所示。除 Batchsize 为 4 的训练组初期与后期的上升趋势更为平缓外，各训练组的平均交并比总体变化走向基本一致。

以 Batchsize 为 4 的训练组为例。从图中可以看出，在网络模型训练的前 8 000 Iters，平均交并比快速提升，从 0.69 提升至 0.76 左右；在模型训练至 18 000 Iters 前，模型的平均交并比在 0.76 左右小范围波动，总体保持平稳；随后平均交并比在短期内出现陡降但紧接着再次提升并超过先前的峰值。

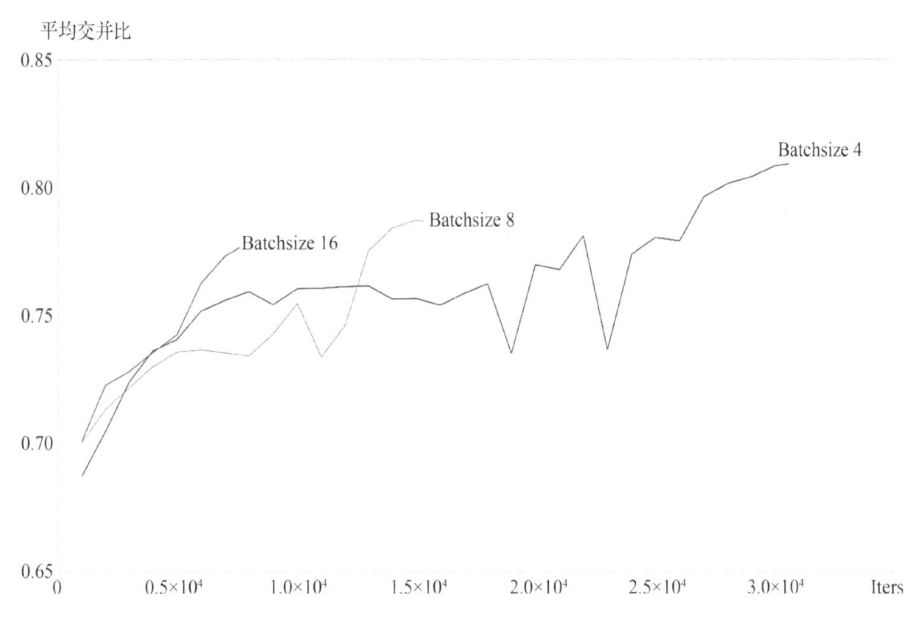

图 3-7 基于单时相的 Unet++ 模型训练平均交并比变化曲线

训练结束时 Batchsize 为 4、8、16 的各训练组平均交并比分别为 0.809 5、0.788 1、0.777 5。MIoU 值接近于 1，说明网络模型识别能力良好。

Unet++ 网络模型进行训练后，得到的训练 F1 分数变化曲线如图 3-8 所示。除 Batchsize 为 4 的模型初始 F1 分数较低、初期增幅更显著外，不同 Batchsize 下 F1 分数总体变化趋势基本一致。以超参数 Batchsize 为 4 的模型为例。由图中可以看出，在网络模型训练的前 6 000 Iters，F1 分数快速提升，从 0.80 提升至 0.85 左右；随着训练轮数的增加，在至 18 000 Iters 前，网络模型的总体 F1 分数稳定在 0.856 左右伴有轻微波动；随后 F1 分数在短期内陡降，之后 F1 分数在先前基础之上再次获得提升。

训练结束时 Batchsize 为 4、8、16 的各训练组 F1 分数分别达到 0.889 8、0.875 5、0.868 1。Batchsize 为 4 的训练组的 F1 分数最高。从公式上来作

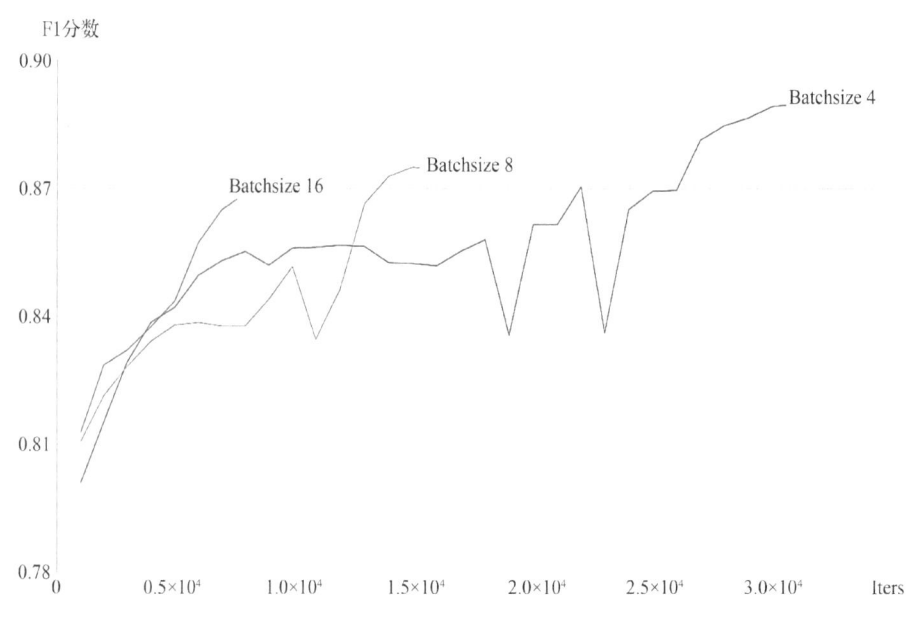

图 3-8　基于单时相的 Unet十十模型训练 F1 分数变化曲线

直观的理解，F1 分数代表的是真实结果与预测结果交集占并集的比值，当为完美分割时该值为 1。各个试验组的 F1 分数表明各模型性能都较为良好。

Unet十十网络模型进行训练后，得到的训练 Kappa 系数变化曲线如图 3-9 所示。除 Batchsize 为 4 的模型初始 Kappa 系数较低、初期增幅更显著外，不同 Batchsize 下 Kappa 系数总体变化趋势基本一致。从图中可以看出，在网络模型训练的前 8 000 Iters，Kappa 系数快速提升，从 0.60 提升至 0.71 左右；随着训练轮数的增加，至 18 000 Iters 前，网络模型 Kappa 系数大致稳定在 0.712 左右；随后 Kappa 系数出现震荡但紧接着 Kappa 系数再次提升。

训练结束时 Batchsize 为 4、8、16 的各训练组 Kappa 系数分别达到 0.779 6、0.751 0、0.736 1。根据 Kappa 系数值划分，各个训练组模型分割效果均与实际情况有高度的一致性。

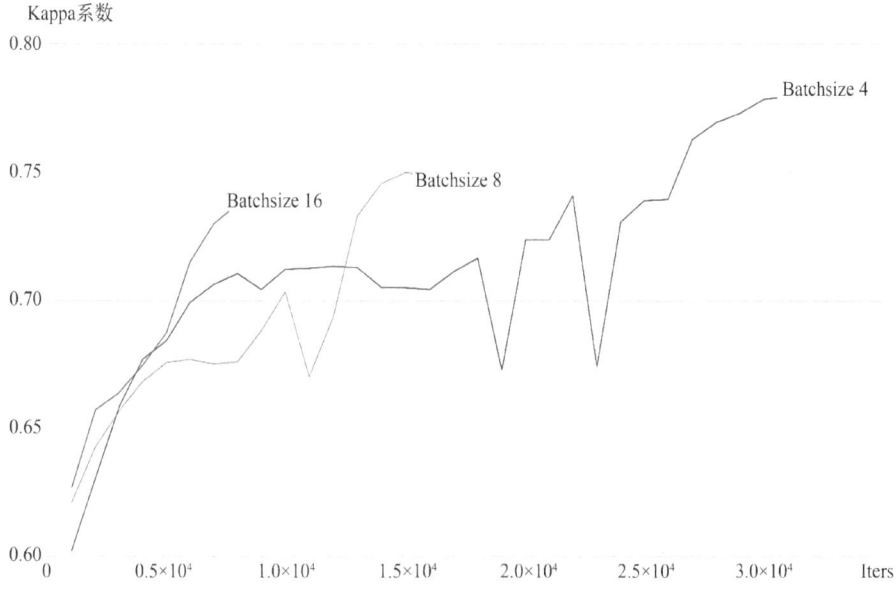

图 3-9　基于单时相的 Unet＋＋模型训练 Kappa 系数变化曲线

3.2.3　预测结果

Unet＋＋网络模型中 Batchsize 为 4、8、16 的训练组在测试集上的预测评价指标如表 3-2 所示。由该表可以看出，虽然三组的评价指标相差不大，但无论是总体准确率（Acc）、平均交并比（MIoU）、F1 分数还是 Kappa 系数，Batchsize 为 4 的训练组均表现最好，各项数值分别为 0.939 8、0.809 5、0.889 8、0.779 6，训练时间为 1 h 01 min。

表 3-2　基于单时相的 Unet＋＋模型评价指标

批大小 (Batchsize)	准确率 （Acc）	平均交并比 （MIoU）	F1 分数 （F1 Score）	Kappa 系数 （KC）	训练时间
4	**0.939 8**	**0.809 5**	**0.889 8**	**0.779 6**	1 h 01 min
8	0.929 9	0.788 1	0.875 5	0.751 0	0 h 46 min
16	0.925 9	0.777 5	0.868 1	0.736 1	1 h 15 min

因此以 Batchsize 为 4 的预测结果为例，进行预测图像分析，预测结果如图 3-10 所示。从 Unet++ 网络模型对数据集的预测图像可以看出，基于 Unet++ 模型的单时相遥感影像生产建设项目扰动图斑识别效果较好，分割边界大体上与标签边界吻合，扰动图斑有零星误检、漏检，存在部分冗余特征，预测结果比较接近于标签图像，模型比较稳定。

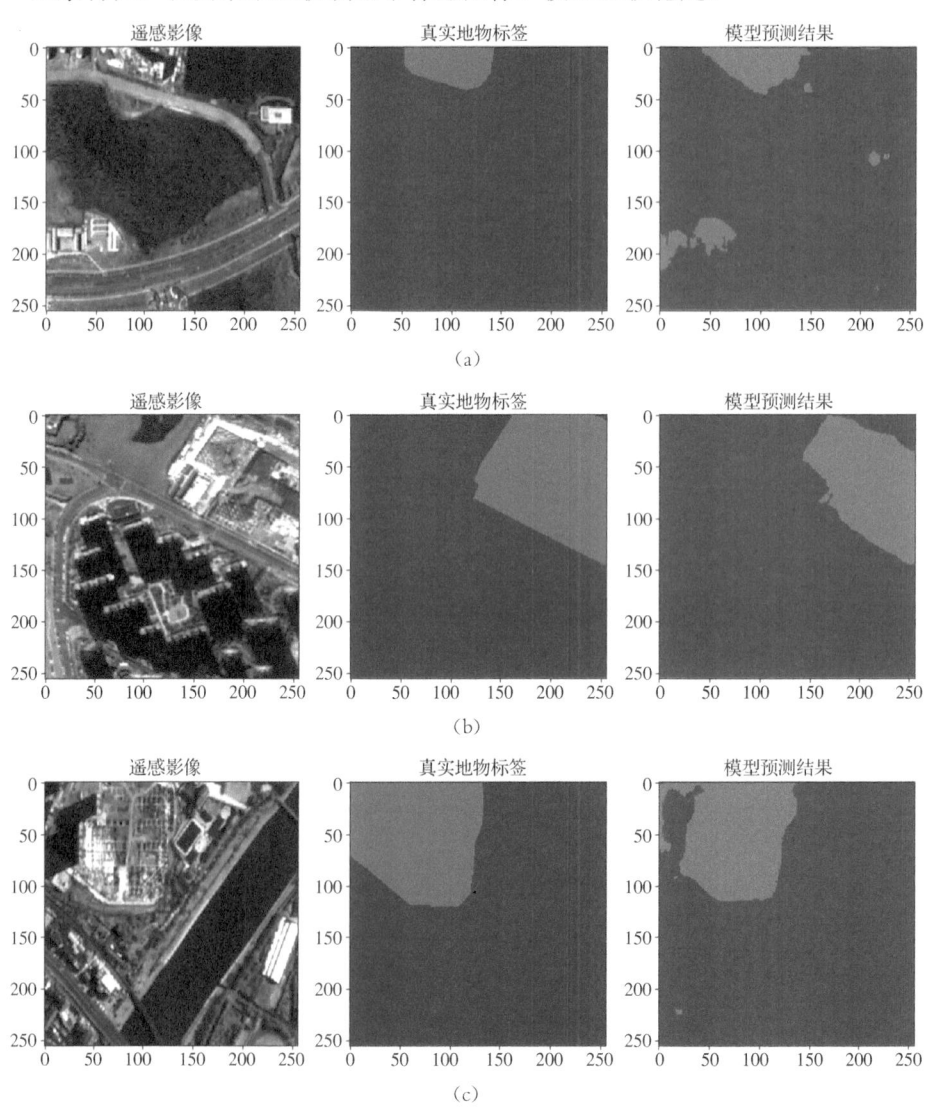

图 3-10 基于单时相的 Unet++ 模型预测结果

3.3 Unet3+训练

3.3.1 训练过程

在 PaddlePaddle 深度学习框架系统中，实验数据为目标识别生产建设项目扰动图斑数据集，本节对 Unet3+网络进行训练、验证，得到参数调整后的训练模型。

在模型训练过程中，同 Unet 模型一样，设置学习策略为高斯随机初始化参数，采用 Adam 优化器，损失函数采用混合损失函数，学习率采用余弦退火策略，通过余弦函数来降低学习率，并使用 ReLU 作为激活函数。

超参数初始设置：学习率为 8×10^{-5}，BCELoss 权重为 0.3，LovaszSoftmaxLoss 权重为 0.7，Epoch 为 30 轮，Batchsize 分别为 4、8、16。三组模型训练过程损失函数曲线下降如附图 4 所示。三组模型训练过程中 Batchsize 为 4、8 的组损失函数曲线下降趋势基本一致，Batchsize 为 16 的组在下降过程中有一个较为明显的平台期。各网络模型在训练阶段初期时，Batchsize 为 4、8 的组损失函数值从 0.55 左右迅速降低到 0.3 左右，随后 Loss 平缓下降；Batchsize 为 16 的组损失函数值从 0.55 快速降至 0.36 左右后保持了一段时间的平稳，随后再次迅速下降。

最终 Batchsize 为 4、8、16 的各训练组训练结束时损失函数值分别止步于 0.134 3、0.163 1、0.211 4，说明网络在不断收敛。训练过程震荡较大，说明学习率可能偏高，总体训练效果可能未达到最优。

3.3.2 精度评价

Unet3+网络模型进行训练后，三组模型得到的总体准确率变化曲线如图 3-11 所示。从图中可以看出，除 Batchsize 为 4 的组初期总体准确率有较大震荡外，准确率曲线变化趋势基本一致，在向上跃升一段距离后有一段小幅跌落然后再次抬升。

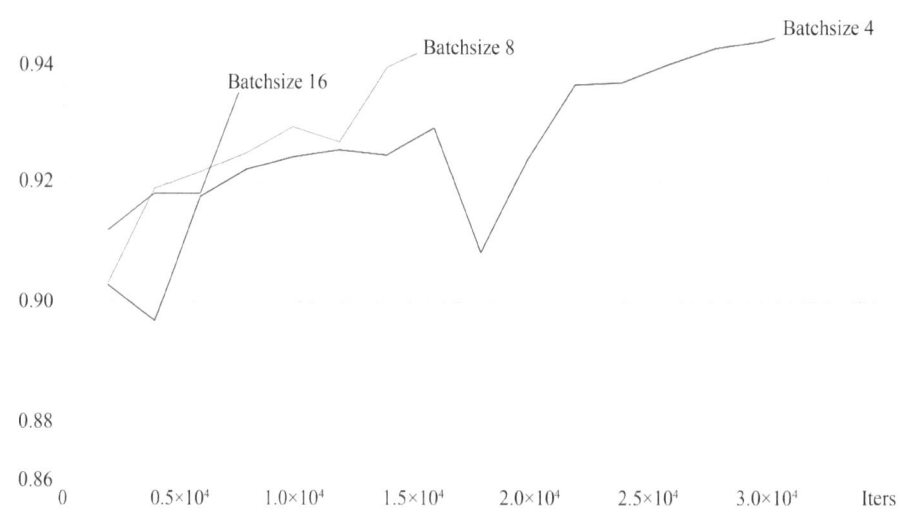

图 3-11　基于单时相的 Unet3＋模型训练总体准确率变化曲线

以 Batchsize 为 4 的模型为例。0～4 000 Iters 时，总体准确率从初始值开始下降；4 000～6 000 Iters 时，总体准确率快速抬升至 0.918 左右；6 000～16 000 Iters 时，网络模型的总体准确率缓慢提升，增长至 0.93 左右；16 000～18 000 Iters 时，准确率出现了震荡，但随后进一步上升。

训练结束时，在验证集上 Batchsize 为 4、8、16 的各训练组的总体准确率分别为 0.944 5、0.941 8、0.935 2。

Unet3＋网络模型进行训练后，得到的训练平均交并比变化曲线如图 3-12 所示。从图中可以看出，平均交并比曲线变化趋势基本一致，总体都趋于缓慢提升。

以 Batchsize 为 4 的训练组为例。从图中可以看出，在网络模型训练的 0～8 000 Iters 时，平均交并比快速提升，从 0.68 提升至 0.77 左右；在

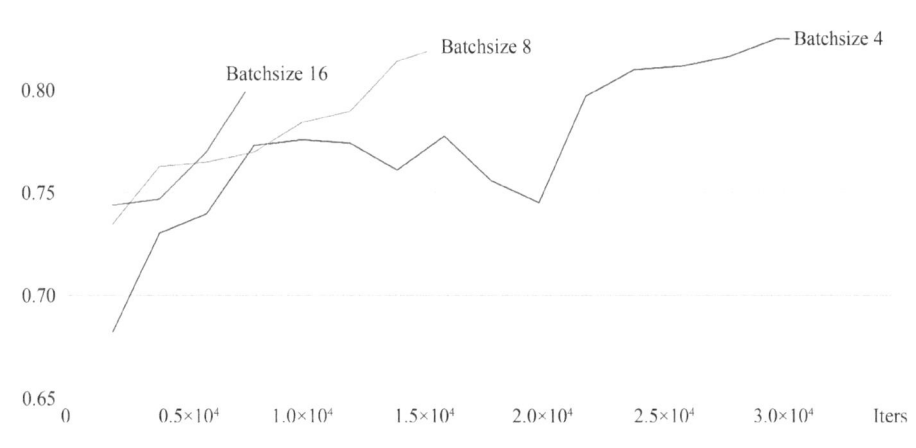

图 3-12　基于单时相的 Unet3+模型训练平均交并比变化曲线

8 000～18 000 Iters 时，网络模型的平均交并比在 0.77 左右上下震荡；随后平均交并比出现剧烈震荡但紧接着突破原有峰值再次提升。

训练结束时，在验证集上 Batchsize 为 4、8、16 的各训练组的平均交并比分别达到 0.824 3、0.818 1、0.798 7。MIoU 接近于 1，说明网络模型分割性能较好。

Unet3+网络模型进行训练后，得到的训练 F1 分数变化曲线如图 3-13 所示。从图中可以看出，F1 分数曲线变化趋势总体趋于稳步提升。

以 Batchsize 为 4 的训练组为例。从图中可以看出，在网络模型训练的 0～4 000 Iters 时，F1 分数迅速提升并达到第一个峰值；在 4 000～6 000 Iters 时，增速显著放缓；在 6 000～8 000 Iters 时，F1 分数再次快速提升，从 0.839 提升至 0.865 左右；在训练进行到 8 000～16 000 Iters 时，网络模型 F1 分数稳定在 0.865 左右；随后 F1 分数出现震荡但紧接着再次获得提升。

图 3-13　基于单相的 Unet3+模型训练 F1 分数变化曲线

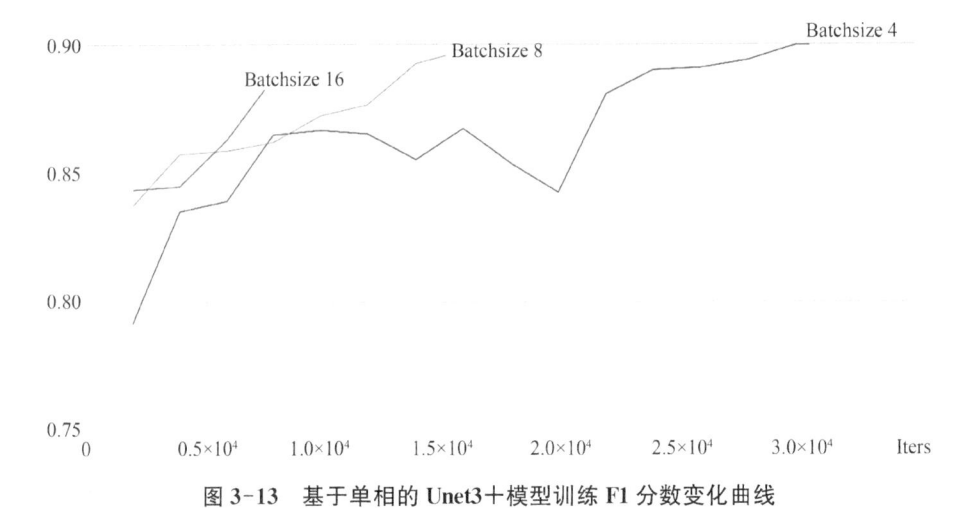

训练结束时，在验证集上 Batchsize 为 4、8、16 的各训练组的 F1 分数分别达到 0.899 7、0.895 6 与 0.882 5。F1 分数值较高，反映了各个模型的整体性能较好。

Unet3+网络模型进行训练后，得到的训练 Kappa 系数变化曲线如图 3-14 所示。从图中可以看出，除 Batchsize 为 4 的训练组初期 Kappa 系数起点较低且中后期有较大震荡外，Kappa 系数曲线变化趋势基本趋于稳步提升。

以 Batchsize 为 4 的模型为例。从图中可以看出，从起始直至第 8 000 Iters 时，网络模型的 Kappa 系数均快速提升，从 0.587 1 提升至 0.729 7 左右；在 8 000~16 000 Iters 时，网络模型的总体 Kappa 系数稳定在 0.73 左右；随后 Kappa 系数出现震荡但紧接着突破原有峰值再次提高。

训练结束时，在验证集上 Batchsize 为 4、8、16 的各训练组 Kappa 系数分别达到 0.799 3、0.791 2、0.765 0。根据 Kappa 系数值划分，训练的三种模型都达到了高度一致性的水平。

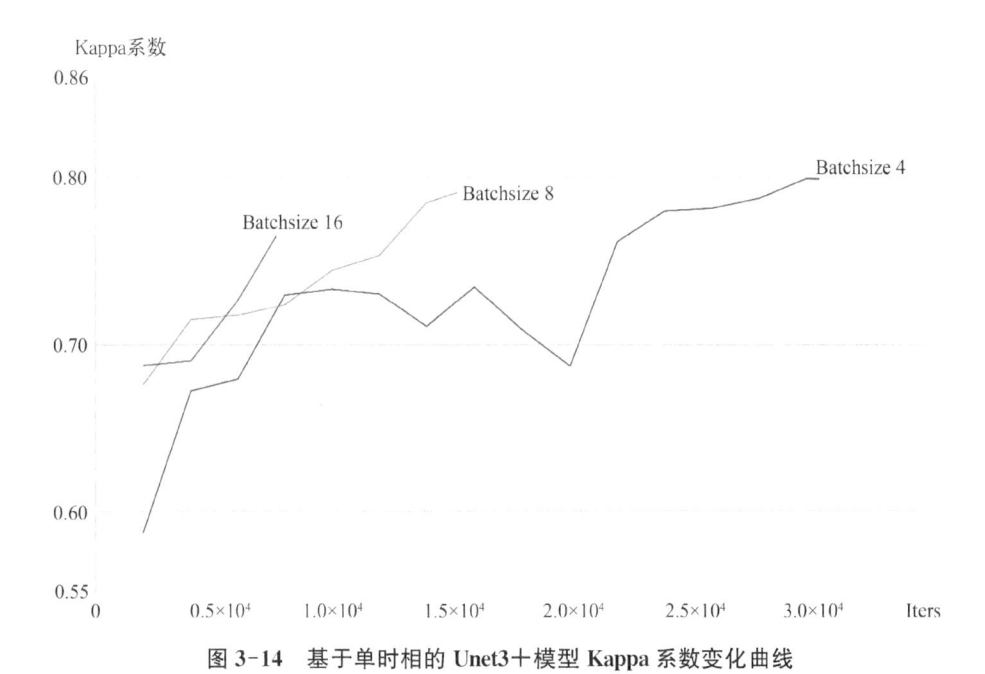

图 3-14 基于单时相的 Unet3+模型 Kappa 系数变化曲线

3.3.3 预测结果

Unet3+网络模型中 Batchsize 为 4、8、16 的训练组在测试集上的预测评价指标如表 3-3 所示。从表中可以看出，虽然三种 Batchsize 的评价指标相差不大，但无论是总体准确率、平均交并比、F1 分数还是 Kappa 系数，Batchsize 为 4 的组表现均最好，各项数值分别为 0.944 5、0.824 3、0.899 7、0.799 3，训练时间为 6 h 44 min。

表 3-3 基于单时相的 Unet3+评价指标

批大小 (Batchsize)	准确率 (Acc)	平均交并比 (MIoU)	F1 分数 (F1 Score)	Kappa 系数 (KC)	训练时间
4	**0.944 5**	**0.824 3**	**0.899 7**	**0.799 3**	6 h 44 min
8	0.941 8	0.818 1	0.895 6	0.791 2	5 h 52 min
16	0.935 2	0.798 7	0.882 5	0.765 0	2 h 46 min

因此以 Batchsize 为 4 的预测结果为例，进行预测图像分析，预测结果

如图 3-15 所示。从 Unet3+ 网络模型对数据集的预测图像可以看出，基于 Unet3+ 模型的单时相遥感影像生产建设项目扰动图斑识别效果在分割边界有少许波动，扰动图斑偶有误检、漏检，冗余特征较少，预测结果比较接近于标签图像，模型比较稳定。

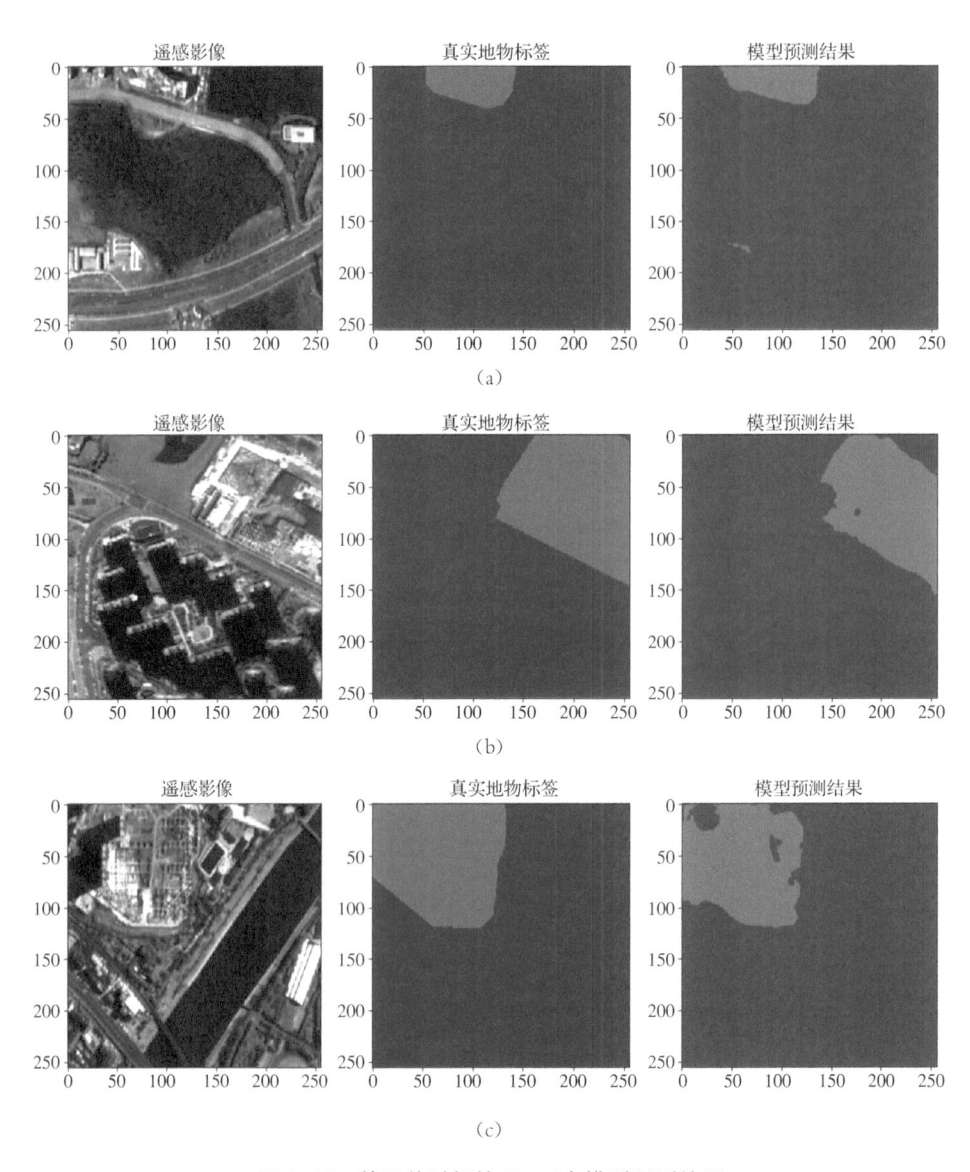

(a)

(b)

(c)

图 3-15　基于单时相的 Unet3+ 模型预测结果

3.4 目标识别策略模型效果分析

为了更加全面评估三个网络算法对扰动图斑的识别效果,分别选择在 Unet、Unet++、Unet3+训练预测中表现最优的超参数结果进行对比分析,结果如表 3-4 所示。在总体准确率上,Unet(0.951 8)＞Unet3+(0.944 5)＞Unet++(0.939 8);在平均交并比上,Unet(0.845 8)＞Unet3+(0.824 3)＞Unet++(0.809 5);在 F1 分数上,Unet(0.913 4)＞Unet3+(0.899 7)＞Unet++(0.889 8);在 Kappa 系数(KC)上,Unet(0.826 8)＞Unet3+(0.799 3)＞Unet++(0.779 6);在训练时间上,Unet++(1 h 01 min)＜Unet(1 h 18 min)＜Unet3+(6 h 44 min)。在所有评价指标上,Unet 表现最优,Unet3+次优,Unet++最差。

表 3-4 基于单时相的三种模型精度评价结果对比

模型	准确率(Acc)	平均交并比(MIoU)	F1 分数(F1 Score)	Kappa 系数(KC)	训练时间
Unet	**0.951 8**	**0.845 8**	**0.913 4**	**0.826 8**	1 h 18 min
Unet++	0.939 8	0.809 5	0.889 8	0.779 6	1 h 01 min
Unet3+	0.944 5	0.824 3	0.899 7	0.799 3	6 h 44 min

不同算法模型检测结果如图 3-16 所示。综合来看,Unet 网络模型分割边界与标签吻合度最好,误检、漏检情况最少,冗余特征较少。Unet++和 Unet3+分割边界存在不清晰、破碎、波动幅度大的现象,有部分冗余检测特征,误检漏检的情况较多,预测结果与标签图像差异较大。三种网络模型都存在误检漏检情况,但 Unet 网络检测效果最为稳定。

(a) 2021 年 5 月

(b) 真实地物标签

(c) Unet

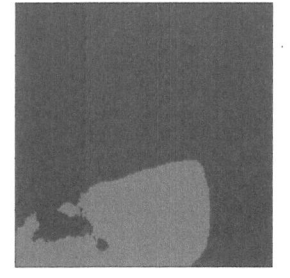

(d) Unet++

(e) Unet3+

图 3-16 基于单时相的三种模型预测结果对比

下文基于各模型网络结构特点与目标识别数据集性质，分析模型效果。目标识别数据集标注以人工先验知识与经验进行标注，标签差异图语义信息聚焦在整个施工扰动区域，客观上边界不够明确，与周边空间信息缺少足够的上下文语义联系。与此同时，Unet++和Unet3+相较Unet网络，结构更深更复杂，特征提取能力更强，所需的训练样本更多；在小样本训练数据集的情况下更易出现训练过拟合现象，当标签存在噪声干扰时，错误的地物特征提取更易被放大，对伪变化的反应也更敏感。综合来说，Unet预测效果最好，Unet3+的预测效果其次，二者都比Unet++更好一些。

3.5 本章小结

本章应用Unet、Unet++、Unet3+三种深度学习网络模型进行目标识别模型训练、验证和预测，调整网络模型超参数，进行扰动图斑特征提取。全面评估三个网络算法对扰动图斑的识别效果，分别选择在Unet、Unet++、Unet3+训练预测中表现最优的超参数结果进行对比分析。在所有评价指标上，Unet表现最优，Unet3+次优，Unet++最差。在模型训练效率上，计算参数量量级相近的Unet与Unet++两种网络模型训练时间大致相同，Unet3＋因为网络结构最为复杂、参数量最大，训练时间最长。在预测结果目视的表现上，Unet网络模型分割边界波动最小，无明显破碎情况，存在少量误检、漏检，冗余特征提取较少，预测结果接近于标签图像。Unet＋＋和Unet3＋分割边界与之相比波动较大，有不清晰、破碎现象，有较多冗余特征被误检，部分预测结果与标签图像存在较大差异。

4 基于多时相遥感影像的扰动图斑变化检测研究

为模拟实际解译工作中存在可利用配准的异质性较小的多时相影像数据的情况，本章基于多时相遥感影像进行生产建设项目扰动图斑提取研究，对比分析不同深度学习模型变化检测识别策略的解译效能。

4.1 Unet 训练

4.1.1 训练过程

在 PaddlePaddle 深度学习框架系统中，实验数据为变化检测生产建设项目扰动图斑数据集，本节对 Unet 网络进行训练、验证，得到参数调整后的训练模型。

在模型训练过程中，学习策略为高斯随机初始化参数，采用 Adam 优化器，损失函数采用混合损失函数，学习率采用余弦退火策略，通过余弦函数来降低学习率。使用 ReLU 作为激活函数。

深度学习中，超参数 Batchsize 为批大小，每次训练都在训练集中提取 Batchsize 个样本进行训练。Epoch 为训练轮数，1 个 Epoch 等于遍历训练集中的全部样本训练一次。Iters 为迭代次数，总迭代次数等于轮数 Epoch 乘训练集样本数除以 Batchsize 大小，完成一个 Batchsize 大小的样本训练为一个 Iters。

超参数初始设置：学习率为 2×10^{-4}，BCELoss 权重为 0.7，

LovaszSoftmaxLoss 权重为 0.3，Epoch 为 30 轮，Batchsize 为 4、8、16。训练过程中，损失函数变化曲线如附图 5 所示。在相同的迭代轮数（Epoch 为 30 轮）条件下，随着迭代次数（Iters）等增加，不同批大小（Batchsize）下的损失函数曲线下降趋势基本一致，网络模型在训练阶段初期时，损失函数值由 0.72~0.61 迅速降低到 0.2 左右，随后在中后期均出现一个降幅相对平缓的平台期，平台期结束后继续收敛，其中 Batchsize 为 4 的训练过程平台期最不明显，但训练过程中损失函数曲线震荡最为显著，反映出当 Batchsize 较小时训练对梯度下降的方向更加敏感。训练结束时，最终 Batchsize 为 4、8、16 的各训练组损失函数值分别在 0.048、0.056、0.065 左右处收敛。曲线的总体趋势说明网络在不断收敛，过程较为平稳，训练效果较好。

4.1.2 精度评价

Unet 网络模型进行训练后，不同 Batchsize 下得到的训练总体准确率（Acc）变化曲线如图 4-1 所示。从图中可以看出，不同 Batchsize 的训练组准确率曲线变化趋势基本一致。以 Batchsize 为 4 的训练组为例。在网络模型训练的前 10 000 个 Iters，总体准确率快速提升，从 0.90 提升至 0.93 左右；此后在 10 000~18 500 Iters 期间总体准确率趋于平稳，不再显著提高；在 18 500~29 500 Iters，准确率出现了震荡，但随后跳出局部极值点，准确率进一步上升。训练结束时，在验证集上 Batchsize 为 4、8、16 的各训练组的总体准确率分别为 0.961 3、0.958 5、0.955 7。

Unet 网络模型进行训练后得到的训练平均交并比（MIoU）变化曲线如图 4-2 所示。不同 Batchsize 下 MIoU 总体变化趋势基本一致。以超参数 Batchsize 为 4 的模型为例。从图中可以看出，在网络模型训练的 0~10 000 Iters，平均交并比快速提升，从 0.73 提升至 0.81 左右；在 10 000~18 500 Iters 时，网络模型的平均交并比总体趋于平稳，稳定在 0.84 左右；随后平均交并比出现震荡但紧接着在原有峰值上再次提升，训练结束时达到 0.88 左右。

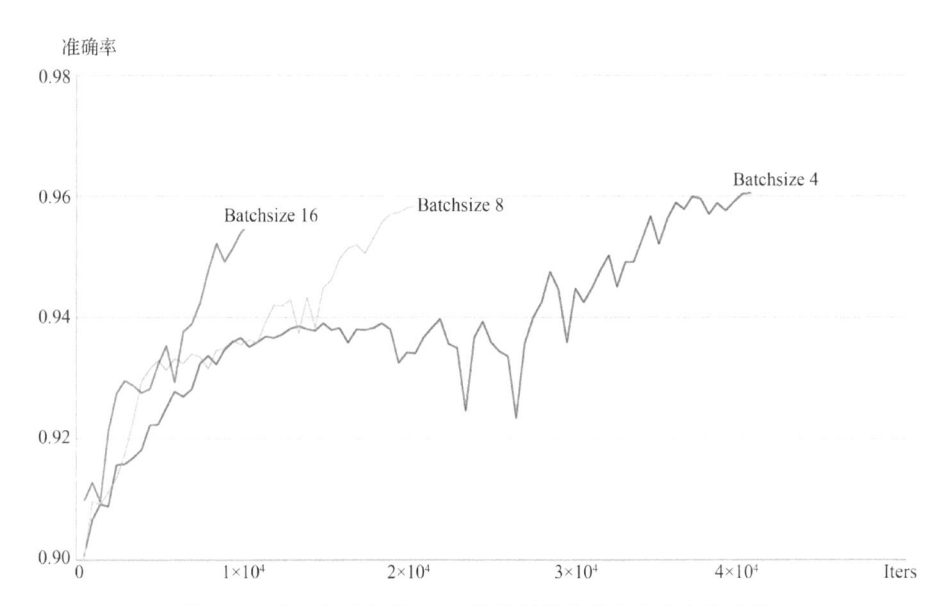

图 4-1　基于多时相的 Unet 模型训练总体准确率变化曲线

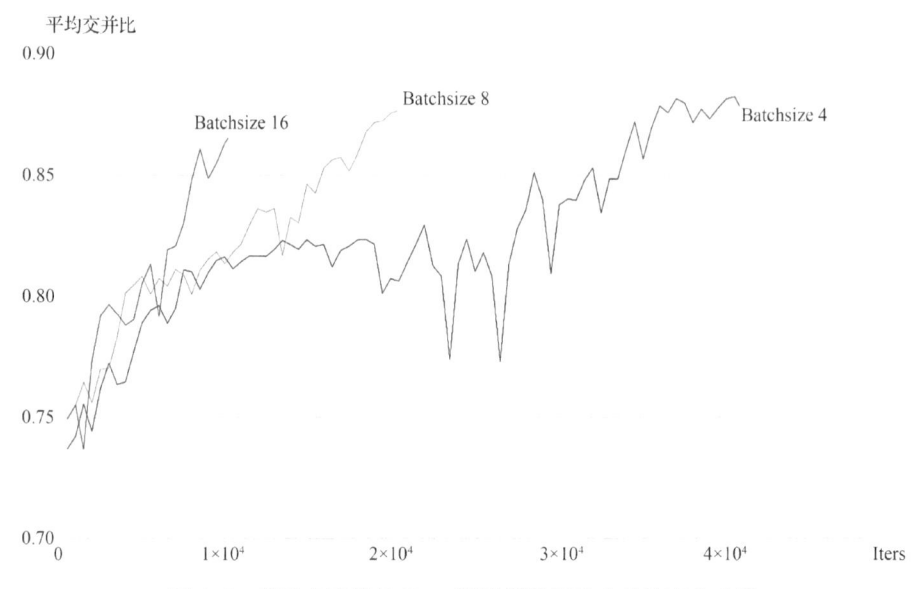

图 4-2　基于多时相的 Unet 模型训练平均交并比变化曲线

在验证集上 Batchsize 为 4、8、16 的各训练组训练结束时的平均交并比分别为 0.884 9、0.877 6、0.869 0。一般平均交并比大于等于 0.5 即可认为预测结果正确，平均交并比越接近于1，模型预测越精确。本次训练Unet网络模型的MIoU相对教高，说明网络模型对扰动图斑边界具备良好的识别能力。

　　Unet网络模型进行训练后得到的训练F1分数变化曲线如图4-3所示。不同Batchsize下F1分数总体变化趋势基本一致。以超参数Batchsize为4的模型为例。从图中可以看出，在网络模型训练的0～10 000 Iters，F1分数快速提升，从0.83提升至0.89左右；之后直到第18 500 Iters时，网络模型的F1分数总体稳定在0.90左右；随后F1分数出现下跌震荡但紧接着再次提升。

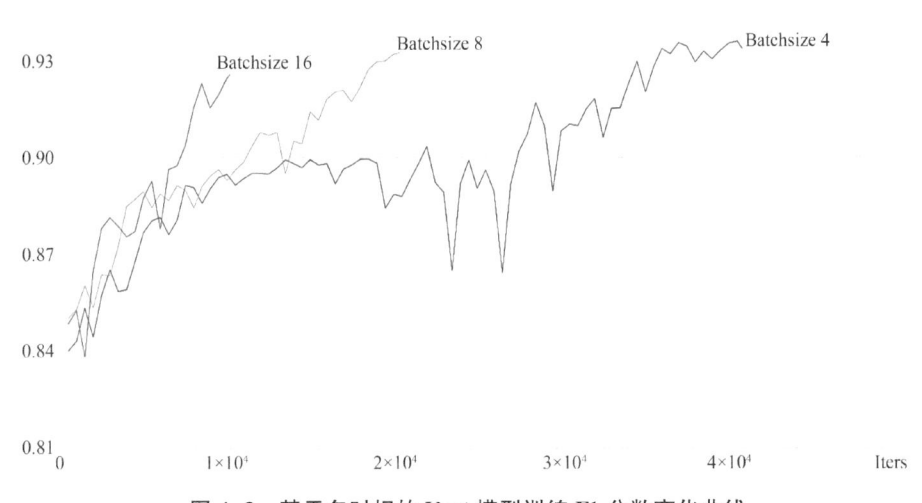

图4-3　基于多时相的Unet模型训练F1分数变化曲线

　　训练结束时，在验证集上Batchsize为4、8、16的各训练组的F1分数分别为0.937 5、0.933 2、0.928 1。从公式上来做直观的理解，F1分数代表的是真实结果与预测结果交集占并集的比值，完美分割时该值为1。本次训练中Unet网络模型的F1分数均大于0.92，相对较高，说明其对扰动图斑识别的能力较强。

Unet 网络模型进行训练后得到的训练 Kappa 系数变化曲线如图 4-4 所示。不同 Batchsize 下 Kappa 系数总体变化趋势基本一致。以超参数 Batchsize 为 4 的模型为例。从图中可以看出，在网络模型训练的前 10 000 Iters，Kappa 系数快速提升，从 0.67 提升至 0.79 左右；直至第 18 500 Iters 时，网络模型训练的总体 Kappa 系数趋于平稳，稳定在 0.78～0.80；随后 Kappa 系数出现跌落震荡但紧接着迎来第二次上升期。

图 4-4　基于多时相的 Unet 模型训练 Kappa 系数变化曲线

训练结束时，在验证集上 Batchsize 为 4、8、16 的各训练组的 Kappa 系数分别为 0.875 1、0.866 4、0.856 2。根据 Kappa 系数值划分模型识别一致性效果，各训练组模型均达到几乎完全一致水平。

4.1.3　预测结果

Unet 网络模型中 Batchsize 为 4、8、16 的训练组在测试集上的预测评价指标如表 4-1 所示。从表中可以看出，虽然三组的评价指标相差不大，但无论是总体准确率、平均交并比、F1 分数还是 Kappa 系数，Batchsize 为

4 的组表现均最好,各项值分别为 0.961 3、0.884 9、0.937 5 和 0.875 1,训练时间为 2 h 35 min。

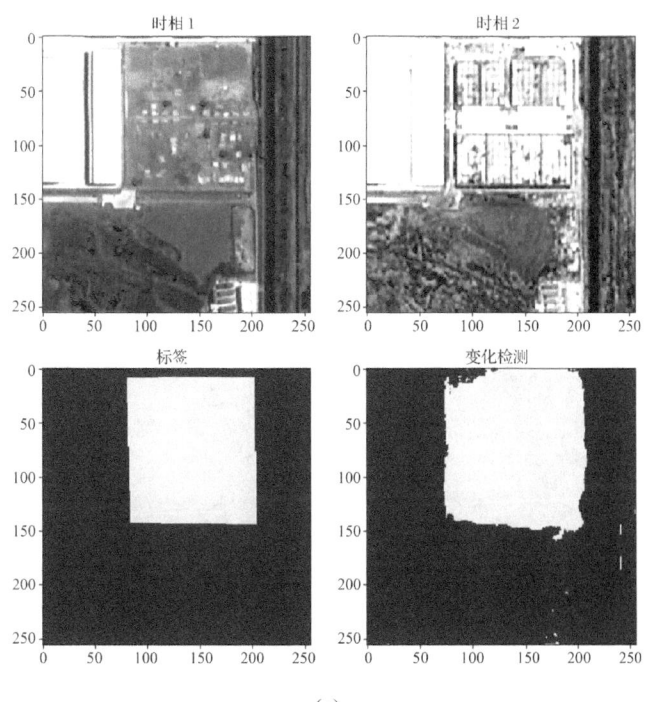

表 4-1　基于多时相的 Unet 评价指标

批大小 (Batchsize)	准确率 (Acc)	平均交并比 (MIoU)	F1 指数 (F1 Score)	Kappa 系数 (KC)	训练时间
4	**0.961 3**	**0.884 9**	**0.937 5**	**0.875 1**	2 h 35 min
8	0.958 5	0.877 6	0.933 2	0.866 4	1 h 10 min
16	0.955 7	0.869 0	0.928 1	0.856 2	1 h 07 min

因此以 Batchsize 为 4 的预测结果为例,进行预测图像分析,预测结果如图 4-5 所示。从 Unet 网络模型对数据集的预测图像可以看出,基于 Unet 模型的多时相遥感影像生产建设项目扰动图斑识别效果较好,分割边界清晰平滑,无误检、漏检,无冗余特征,预测结果接近于标签图像,模型很稳定。

(a)

(b)

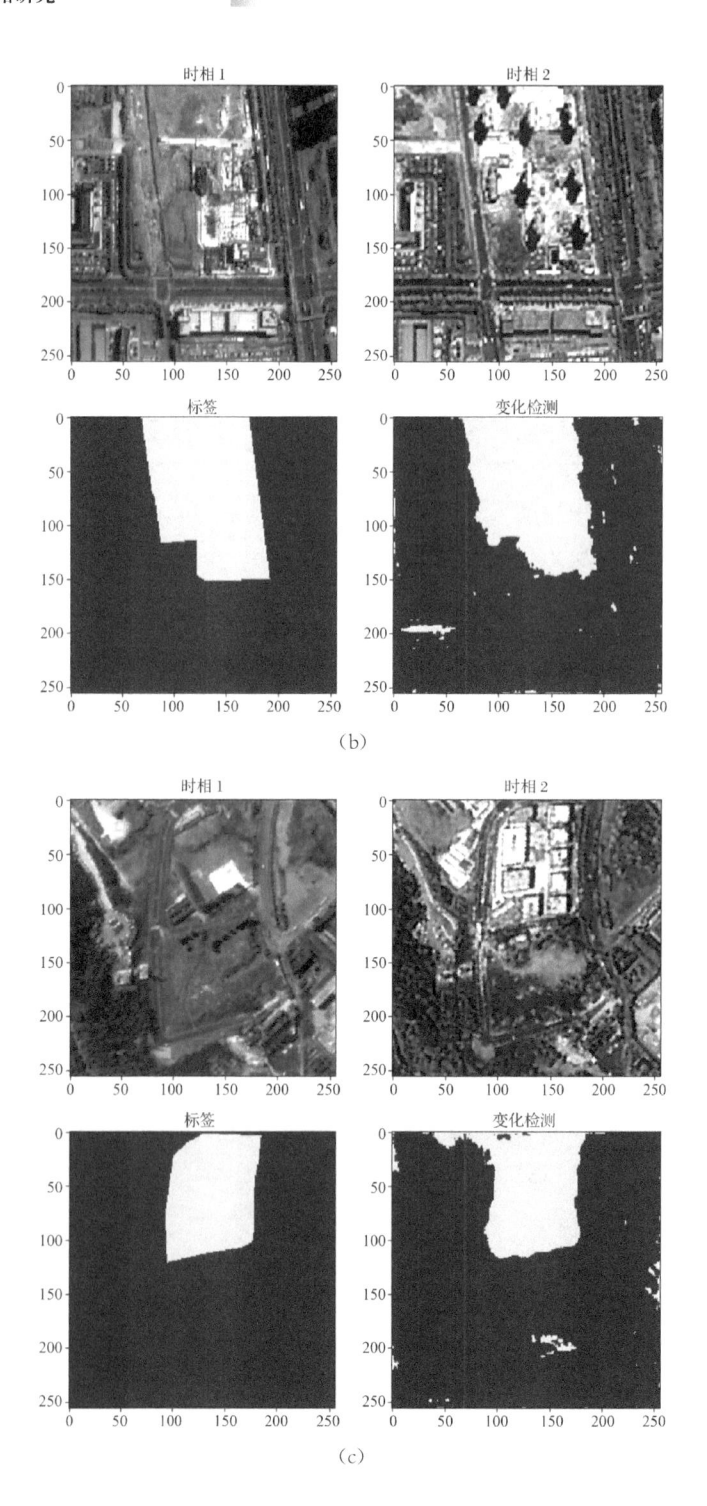

(c)

(d)

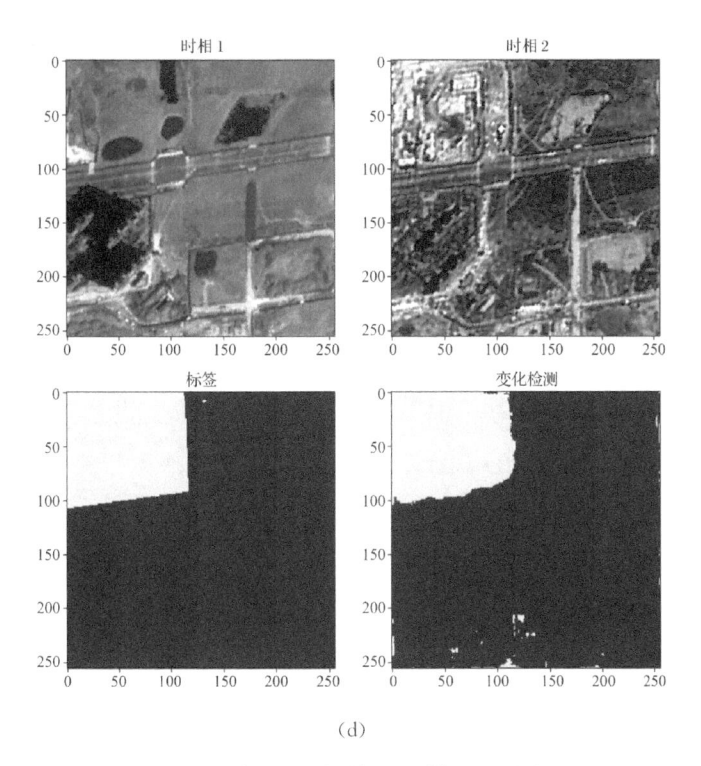

图 4-5 基于多时相的 Unet 模型预测结果

4.2 Unet++训练

4.2.1 模型参数

在 PaddlePaddle 深度学习框架系统中，实验数据为变化检测生产建设项目扰动图斑数据集，本节对 Unet++网络进行训练、验证，得到参数调整后的训练模型。在 Unet++网络模型训练过程中，同 Unet 模型一样，将学习策略设置为高斯随机初始化参数，采用 Adam 优化器，损失函数采用混合损失函数，学习率采用余弦退火策略，并使用 ReLU 作为激活函数。

超参数初始设置：学习率为 2×10^{-5}，BCELoss 权重为 0.4，LovaszSoftmaxLoss 权重为 0.6，Epoch 为 30 轮，并以 Batchsize 为 4、8、16 分别进行训练。训练过程中损失函数曲线变化如附图 6 所示。在相同的迭代轮数（Epoch 为 30 轮）条件下，不同批大小（Batchsize）训练组的损失函数曲线下降趋势基本一致，网络模型在训练初期时，损失函数值从 0.59～0.62 迅速降低到 0.23 左右，随后 Batchsize 为 8、16 的组中后期均有一个降幅相对平缓的平台期，平台期结束后继续收敛；Batchsize 为 4 的组训练过程中损失函数曲线震荡最为显著，但总体保持着下降的趋势，反映出 Batchsize 较小时训练对梯度下降的方向更加敏感。

最终，在训练结束时 Batchsize 为 4、8、16 的训练组分别在 0.07、0.09、0.12 左右处收敛。总体过程较为平稳，说明训练效果较好。

4.2.2 精度评价

Unet++ 网络模型进行训练后，不同 Batchsize 下得到的训练总体准确率（Acc）变化曲线如图 4-6 所示，不同 Batchsize 的训练组的准确率曲线变化趋势基本一致。以超参数 Batchsize 为 4 的训练组为例。在网络模型训练处于前 10 000 Iters 时，总体准确率快速提升，从 0.89 提升至 0.93 左右；直至训练到 22 000 Iters 前，网络模型总体准确率趋于平稳，不再显著提高，在 0.93 左右波动；在 22 000～31 000 Iters 时准确率出现了抬升震荡，在第 31 000 Iters 时降至谷底，但随后跳出局部极值点，在原有基础上获得进一步提升。

Batchsize 为 4、8、16 的训练组训练结束时在验证集上的总体准确率分别为 0.949 6、0.945 9、0.943 1。

Unet++ 网络模型进行训练后得到的平均交并比（MIoU）变化曲线如图 4-7 所示。不同 Batchsize 下 MIoU 总体变化趋势基本一致。以超参数 Batchsize 为 4 的模型为例。从图中可以看出，在网络模型训练的前

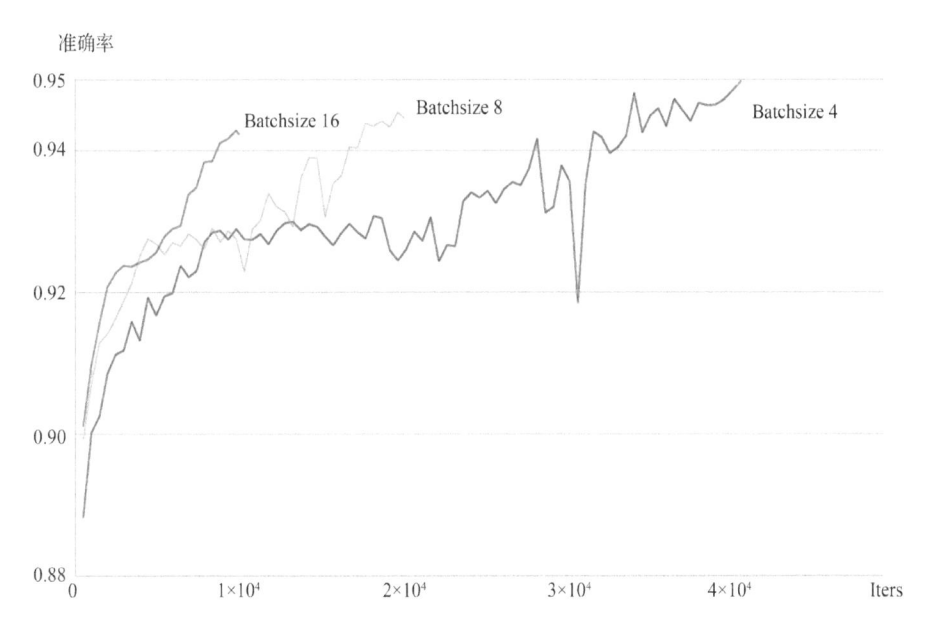

图 4-6　基于多时相的 Unet++模型训练总体准确率变化曲线

10 000 Iters，平均交并比快速提升，从 0.71 提升至 0.79 左右；在训练进行到 19 000 Iters 前，网络模型的平均交并比趋于平稳，稳定在 0.80 左右；随后平均交并比先抬升后陡降但很快摆脱陡降状态再次提升。Batchsize 为 4、8、16 的训练组训练结束时在验证集上的平均交并比分别为 0.853 3、0.842 4、0.834 5。

Unet++网络模型进行训练后得到的训练 F1 分数变化曲线如图 4-8 所示。不同 Batchsize 下 F1 分数总体变化趋势基本一致。以超参数 Batchsize 为 4 的模型为例。从图中可以看出，在网络模型训练的 0~8 000 Iters 时期，F1 分数快速提升，从 0.82 提升至 0.88 左右；在 8 000~19 000 Iters 时期，模型的 F1 分数趋于平稳，总体稳定在 0.88 左右；随后 F1 分数出现陡降—抬升—陡降走向，曲线形成凸部，但紧接着 F1 分数摆脱谷底并超越原有峰值再次提升。

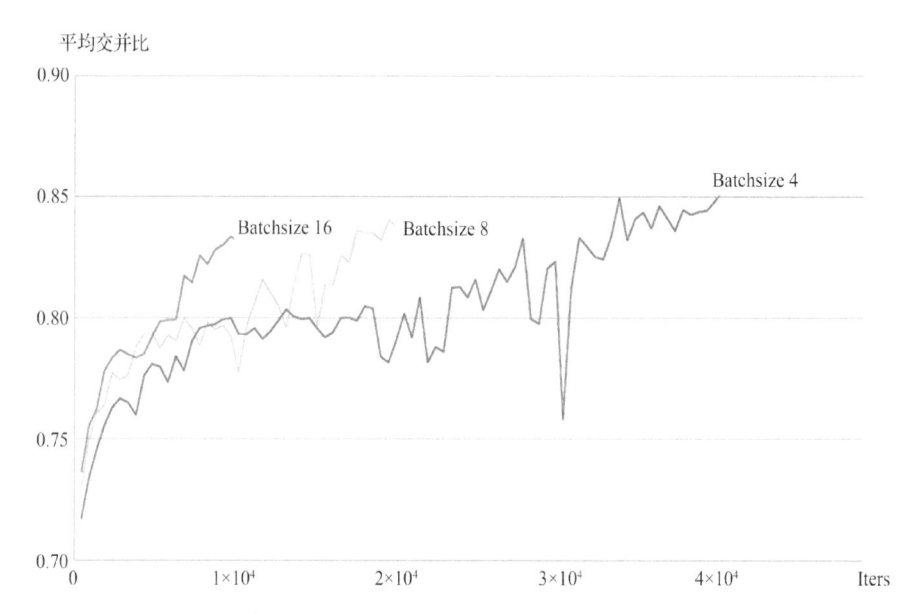

图 4-7　基于多时相的 Unet＋＋模型训练平均交并比变化曲线

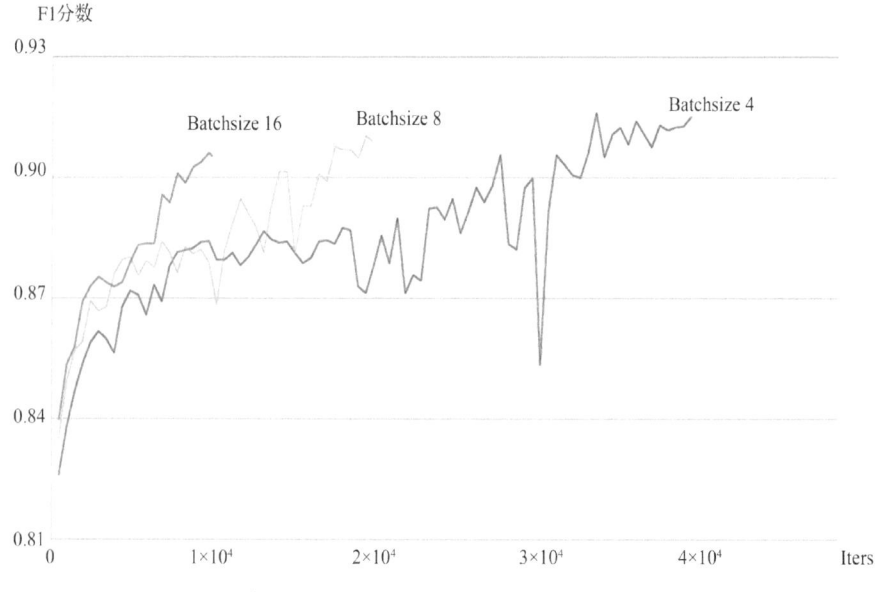

图 4-8　基于多时相的 Unet＋＋模型训练 F1 分数变化曲线

Batchsize 为 4、8、16 的训练组训练结束时在验证集上的 F1 分数分别为 0.918 5、0.911 7、0.906 7。本次训练 Unet++ 网络模型的 F1 分数均高于 0.90，相对较高，说明其对扰动图斑识别能力较强。

Unet++ 网络模型进行训练后得到的训练 Kappa 系数变化曲线如图 4-9 所示。不同 Batchsize 下 Kappa 系数总体变化趋势基本一致。以超参数 Batchsize 为 4 的模型为例。从图 4-9 中可以看出，在网络模型训练的前 10 000 Iters，Kappa 系数快速提升，从 0.65 提升至 0.76 左右；在训练至 10 000～19 000 Iters 时，模型 Kappa 系数趋于平稳，总体稳定在 0.77 左右。在训练至 19 000～31 000 Iters 时，Kappa 系数反复陡降后再提升，最后在 31 000 Iters 后摆脱震荡再次提升并超越原有峰值。

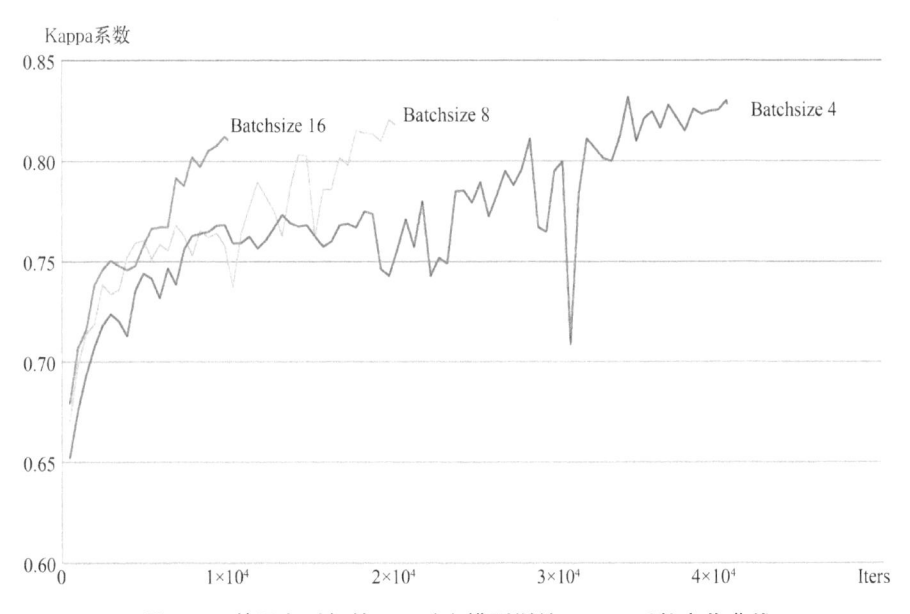

图 4-9　基于多时相的 Unet++ 模型训练 Kappa 系数变化曲线

训练结束时，Batchsize 为 4、8、16 的训练组在验证集上的 Kappa 系数分别为 0.837 0、0.823 3、0.813 4。以 Kappa 系数值划分模型识别的一致性，Kappa 系数在 0.81～1 代表几乎完全一致（almost perfect）。

4.2.3 预测结果

Unet++网络模型中 Batchsize 为 4、8、16 的训练组在测试集上的预测评价指标如表 4-2 所示。从该表中可以看出，虽然三组评价指标相差不大，但综合来说，无论是总体准确率、平均交并比、F1 分数还是 Kappa 系数，Batchsize 为 4 的组表现均最好，各项数值分别为 0.949 6、0.853 3、0.918 5 和 0.837 0，训练时间为 1 h 34 min。

表 4-2 基于多时相的 Unet++评价指标

批大小 (Batchsize)	准确率 (Acc)	平均交并比 (MIoU)	F1 分数 (F1 Score)	Kappa 系数 (KC)	训练时间
4	**0.949 6**	**0.853 3**	**0.918 5**	**0.837 0**	1 h 34 min
8	0.945 9	0.842 4	0.911 7	0.823 3	1 h 21 min
16	0.943 1	0.834 5	0.906 7	0.813 4	1 h 20 min

因此以 Batchsize 为 4 的预测结果为例，进行预测图像分析，Unet++网络模型预测结果如图 4-10 所示。从预测图像上可以看出，基于 Unet++模型的多时相遥感影像生产建设项目扰动图斑识别效果在分割边界上总体比较清晰平滑，无漏检，但存在不少误检与冗余特征，预测结果大体符合标签图像。与 Unet 网络测试集上的预测结果相比，错误像素较多，错误预测了一些建筑物边缘阴影、空隙以及道路。推测 Unet++相比 Unet 网络加入的稠密卷积与密集跳跃结构，使得网络的特征提取能力更强，但在小训练数据集的情况下，出现了训练过拟合与错误的地物噪声特征过度提取现象。

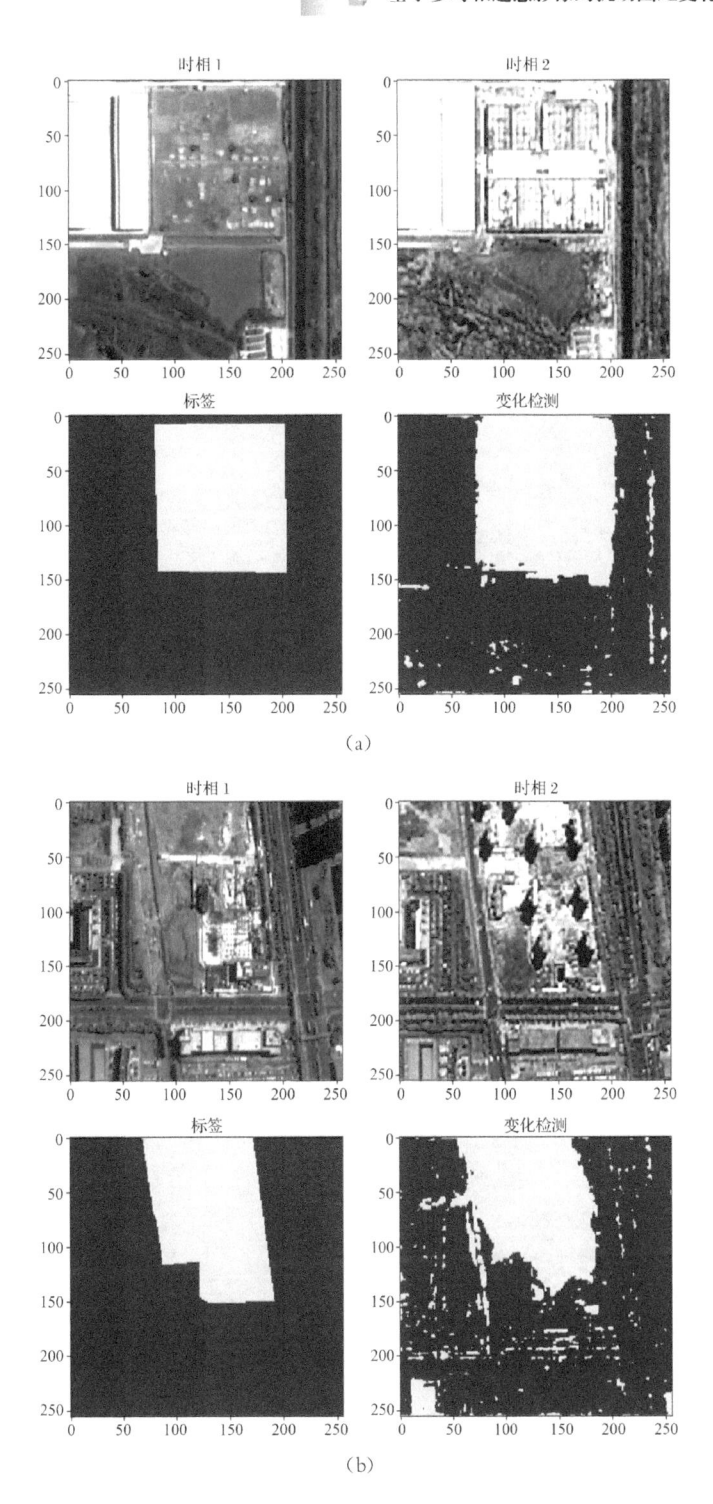

4 基于多时相遥感影像的扰动图斑变化检测研究

时相1　　　时相2

标签　　　变化检测

(a)

时相1　　　时相2

标签　　　变化检测

(b)

(c)

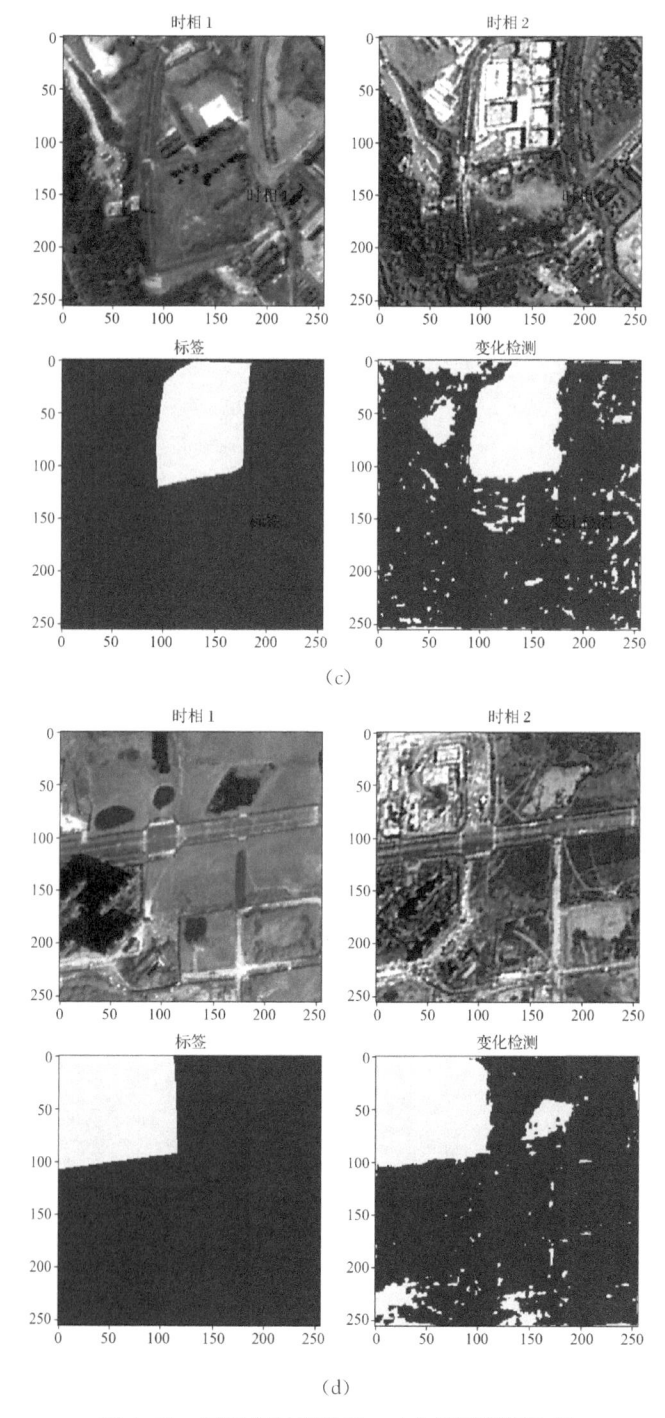

(d)

图 4-10 基于多时相的 Unet++ 模型预测结果

4.3 Unet3+训练

4.3.1 训练过程

在 PaddlePaddle 深度学习框架系统中，实验数据为变化检测生产建设项目扰动图斑数据集，本节对 Unet3+网络进行训练、验证，得到参数调整后的训练模型。在模型训练过程中，同 Unet、Unet++模型一样，将学习策略设置为高斯随机初始化参数，采用 Adam 优化器，损失函数采用混合损失函数，学习率采用余弦退火策略，并使用 ReLU 作为激活函数。

超参数初始设置：学习率为 2×10^{-5}，BCELoss 权重为 0.7，LovaszSoftmaxLoss 权重为 0.3，Epoch 为 30 轮。三组模型训练过程中损失函数曲线下降趋势如附图 7 所示。三组模型训练过程中损失函数曲线下降趋势基本一致。

网络模型在训练阶段初期时，损失函数从 0.57～0.58 迅速降低到 0.20 左右，随后其损失函数曲线逐步下降。最终三组训练结束时 Batchsize 为 4、8、16 的组损失函数最小值分别达到 0.058、0.069、0.083，总体趋于收敛。

4.3.2 精度评价

Unet3+网络模型进行训练后，三组模型得到的总体准确率（Acc）变化曲线如图 4-11 所示。不同 Batchsize 下除 Batchsize 为 8 的训练组在训练初期准确率有所下降，其余总体变化趋势基本一致，其中，Batchsize 为 16 的训练组准确率增长趋势更明显，Batchsize 为 4 的训练组峰值最高。

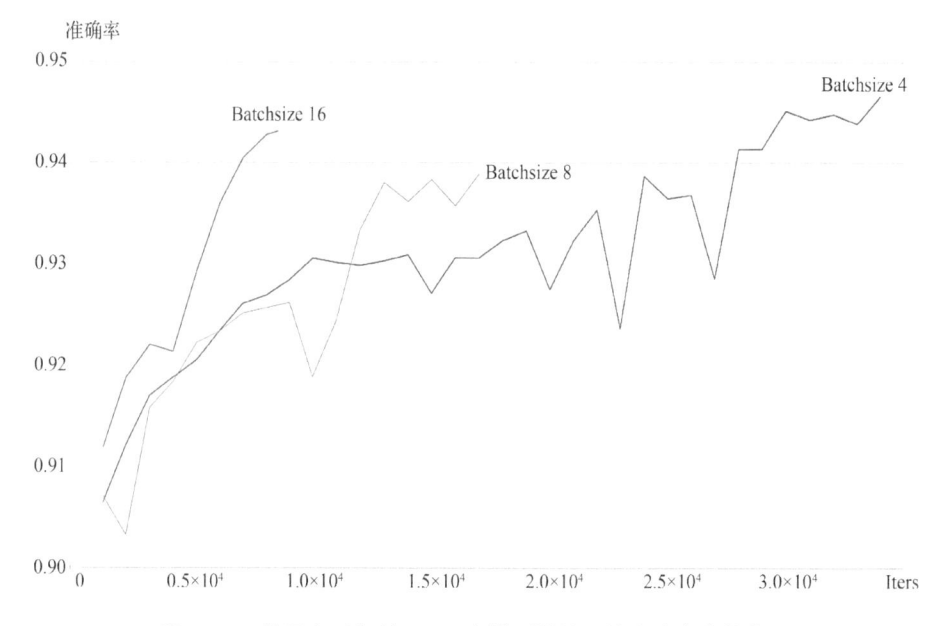

图 4-11　基于多时相的 Unet3＋模型训练总体准确率变化曲线

以 Batchsize 为 4 的训练组为例。训练的前 10 000 Iters 为初次上升期，总体准确率快速提升，从 0.90 提升至 0.93 左右；在训练到 17 000 个 Iters 前，网络模型的准确率不再显著提高，在 0.93 左右波动。在 17 000～27 000 Iters 时期，准确率出现了震荡，但随着网络训练的进行跳出局部极值点，准确率进一步上升。

Batchsize 为 4、8、16 的训练组训练结束时在验证集上的准确率分别为 0.947 3、0.939 7、0.943 3。

Unet3＋网络模型进行训练后得到的训练平均交并比（MIoU）变化曲线如图 4-12 所示。不同 Batchsize 下，除 Batchsize 为 8 的训练组在训练初期平均交并比有反向下降外，其余总体变化趋势基本一致，其中，Batchsize 为 16 的训练组平均交并比增长趋势最平滑，Batchsize 为 4 的训练组峰值最高。

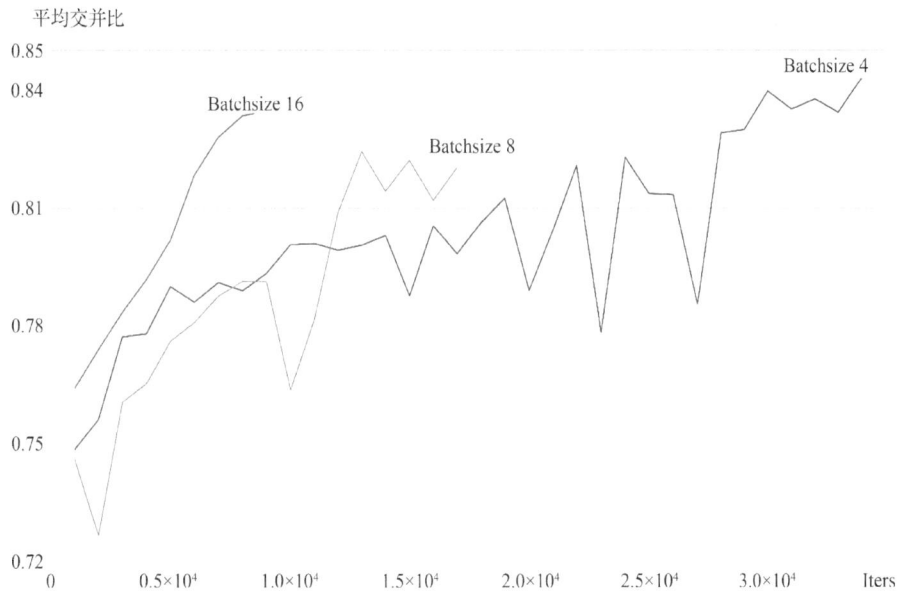

图 4-12　基于多时相的 Unet3+模型训练平均交并比变化曲线

以 Batchsize 为 4 的训练组为例。从图 4-12 可以看出，在网络模型训练的 0～10 000 Iters 时期内为初次上升期，平均交并比快速提升，从 0.75 提升至 0.80 左右；训练到 10 000～14 000 Iters 时，网络模型的总体平均交并比趋于平稳，稳定在 0.80 左右；随后平均交并比出现震荡，但紧接着平均交并比再次提升。

Batchsize 为 4、8、16 的训练组训练结束时在验证集上的平均交并比分别为 0.845 0、0.828 2、0.834 7。一般来说，MIoU 越接近于 1，边界框越精确。本次训练中 Unet3+网络模型的 MIoU 相对高，说明网络模型对扰动图斑边界具备良好的识别能力。

Unet3+网络模型进行训练后得到的 F1 分数变化曲线如图 4-13 所示。不同 Batchsize 下，除 Batchsize 为 8 的训练组在训练初期 F1 分数有所下降外，其余总体变化趋势基本一致，其中，以 Batchsize 为 16 的训练组 F1 分数增长最平滑，以 Batchsize 为 4 的训练组峰值最高。

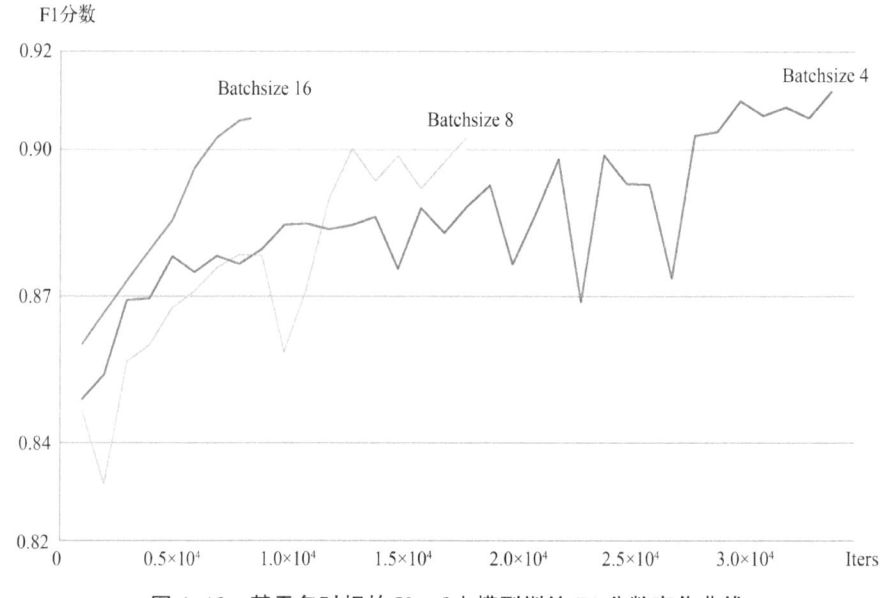

图 4-13　基于多时相的 Unet3＋模型训练 F1 分数变化曲线

以 Batchsize 为 4 的训练组为例。从图中 4-13 可以看出，在网络模型训练的 0～10 000 Iters 时期，F1 分数快速提升，从 0.85 提升至 0.88 左右；训练至 14 000 Iters 前，网络模型的总体 F1 分数趋于平稳，稳定在 0.885 左右。随后 F1 分数上下震荡，但不久 F1 分数再次升高并超越原有峰值。

Batchsize 为 4、8、16 的训练组训练结束时在验证集上的 F1 分数分别为 0.913 3、0.902 8、0.906 8。

Unet3＋网络模型进行训练后得到的训练 Kappa 系数变化曲线如图 4-14 所示。不同 Batchsize 下，除 Batchsize 为 8 的训练组在训练初期 Kappa 系数有所下降外，其余总体变化趋势基本一致，其中，以 Batchsize 为 16 的训练组 Kappa 系数增长最平滑，以 Batchsize 为 4 的训练组峰值最高。

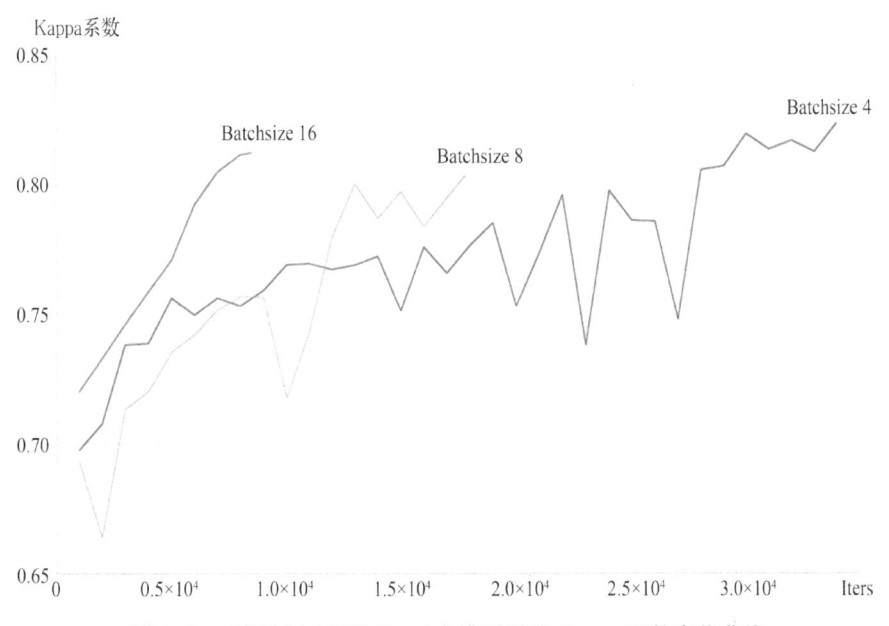

图 4-14 基于多时相的 Unet3+模型训练 Kappa 系数变化曲线

以 Batchsize 为 4 的训练组为例。在网络模型训练的前 10 000 Iters，Kappa 系数快速提升，从 0.70 提升至 0.77 左右；在模型训练到 14 000 Iters 前，网络模型的总体 Kappa 系数趋于稳定，在 0.77 左右小幅度波动；之后直到第 27 000 Iters 时，Kappa 系数处于反复震荡期，在震荡期结束后，Kappa 系数再次稳步提升。

Batchsize 为 4、8、16 的训练组训练结束时在验证集上的 Kappa 系数分别为 0.826 6、0.805 6、0.813 6。通常 Kappa 系数值落在 0～1 间，落在 0.61～0.80 代表模型识别与实际标签有高度的一致性，落在 0.81～1 表示模型识别效果与实际标签几乎完全一致。

4.3.3 预测结果

Unet3+网络模型中 Batchsize 为 4、8、16 的训练组在测试集上的预测评价指标如表 4-3 所示。由该表可以看出，虽然三种 Batchsize 的评价指标相差不大，但综合来说，无论是总体准确率、平均交并比、F1 分数还是 Kappa 系数，Batchsize 为 4 的组表现均最好，各项数值分别为 0.947 3、0.845 0、0.913 3 和 0.826 6，训练时间为 8 h 30 min。

表 4-3　基于多时相的 Unet3+评价指标

批大小 (Batchsize)	准确率 (Acc)	平均交并比 (MIoU)	F1 分数 (F1 Score)	Kappa 系数 (KC)	训练时间
4	**0.947 3**	**0.845 0**	**0.913 3**	**0.826 6**	8 h 30 min
8	0.939 7	0.828 2	0.902 8	0.805 6	8 h 03 min
16	0.943 3	0.834 7	0.906 8	0.813 6	4 h 31 min

Unet3+网络模型预测结果如图 4-15 所示，从 Unet3+网络模型在变化检测数据集上的预测图像可以看出，基于 Unet3+模型的多时相遥感影像生产建设项目扰动图斑识别效果较好，分割边界总体上比较清晰平滑，建筑物中心有时有少许漏检与误检，存在部分冗余特征，预测结果比较接近于标签图像。与 Unet 网络测试集上的预测结果相比，其对一些建筑物边缘阴影、空隙以及道路做出了错误预测，但情况没有 Unet++网络模型严重。推测 Unet3+相比 Unet++网络结构去除了稠密卷积块，将密集跳跃连接更换为全尺度跳跃连接的做法，抑制了对错误噪声特征的过度提取，减少了错误像素的出现，但相比 Unet 更深的网络结构与特征提取能力，使其在训练基于小训练数据集的情况下依然出现了训练过拟合现象。

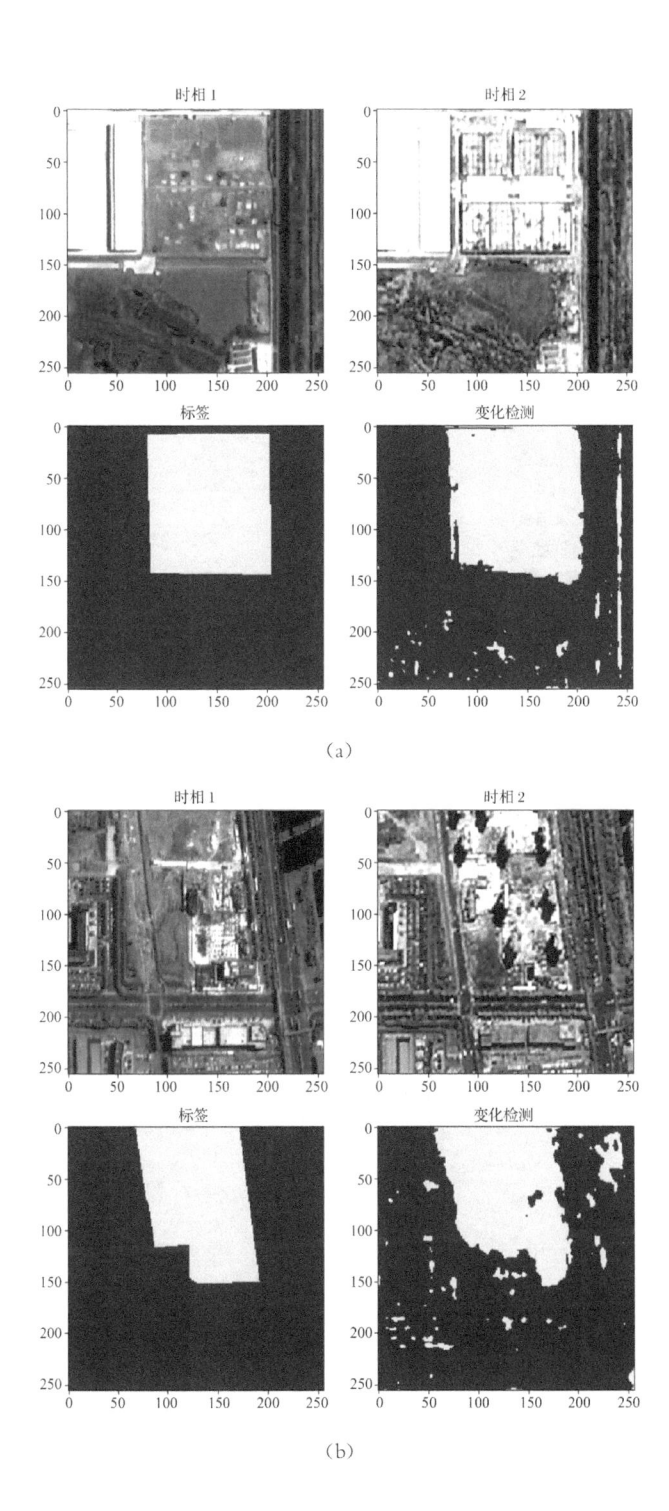

4 基于多时相遥感影像的扰动图斑变化检测研究

（a）

（b）

(c)

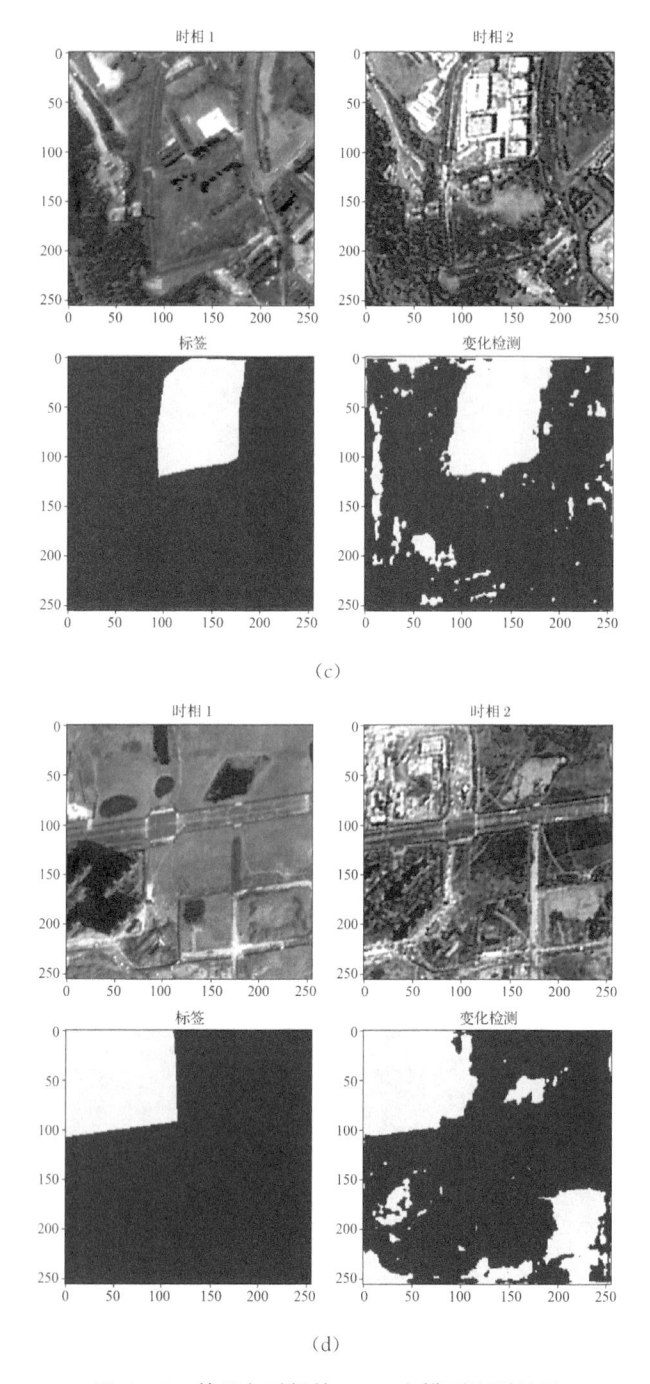

(d)

图 4-15 基于多时相的 Unet3+模型预测结果

4.4 变化检测策略模型效果分析

为了更加全面评估三个网络算法对扰动图斑识别的效果，本节分别选择在 Unet、Unet++、Unet3+ 训练预测中表现最优的超参数结果进行对比分析，结果如表 4-4 所示。在总体准确率（Acc）上，Unet（0.961 3）＞Unet++（0.949 6）＞Unet3+（0.947 3）；在平均交并比上（MIoU），Unet（0.884 9）＞Unet++（0.853 3）＞Unet3+（0.845 0）；在 F1 分数（F1 Score）上，Unet（0.937 5）＞Unet++（0.918 5）＞Unet3+（0.913 3）；在 Kappa 系数（KC）上，Unet（0.875 1）＞Unet++（0.837 0）＞Unet3+（0.826 6）；在训练时间上，Unet++（1 h 34 min）＜Unet（2 h 35 min）＜Unet3+（8 h 30 min）。除训练时间外，在所有评价指标上，Unet 表现最优，Unet++ 次优，Unet3+ 最差。

表 4-4 基于多时相的三种模型精度评价结果对比

模型	准确率（Acc）	平均交并比（MIoU）	F1 分数（F1 Score）	Kappa 系数（KC）	训练时间
Unet	**0.961 3**	**0.884 9**	**0.937 5**	**0.875 1**	2 h 35 min
Unet++	0.949 6	0.853 3	0.918 5	0.837 0	1 h 34 min
Unet3+	0.947 3	0.845 0	0.913 3	0.826 6	8 h 30 min

不同算法模型检测结果如图 4-16 所示。综合来看，三种网络模型的扰动图斑识别均存在一定的边缘破碎、内部漏检问题，Unet 模型的预测结果最接近于标签图像，Unet++ 模型和 Unet3+ 模型预测结果与标签图像存在较大差异，在目标识别策略中的识别问题依然存在甚至更加严重。Unet++ 模型和 Unet3+ 模型相比 Unet 模型，扰动图斑边界分割不清晰、破碎，存在冗余特征误识别，错误地把一些建筑物边缘阴影、空隙以及道路作为伪变化识别，其中以 Unet++ 模型误检现象最为严重。

(a) 2021 年 5 月

(b) 2022 年 5 月

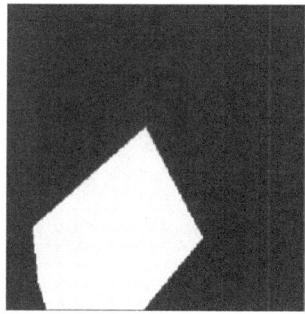

(c) 真实地物标签

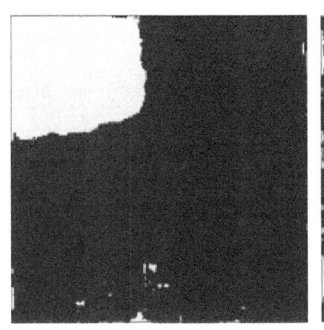

4 基于多时相遥感影像的扰动图斑变化检测研究

(d) Unet

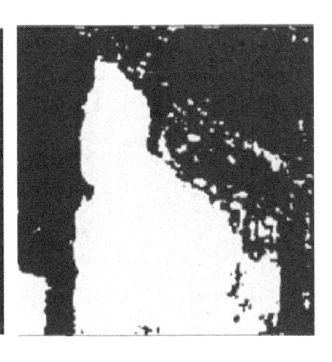

(e) Unet++

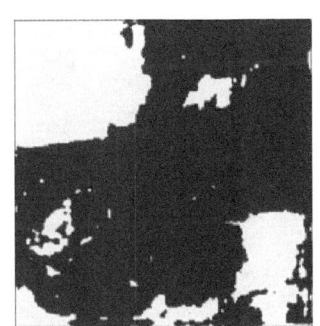

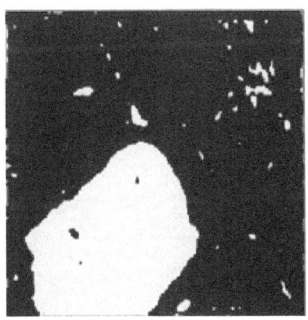

(f) Unet3+

图 4-16 基于多时相的三种模型预测结果对比

4.5 本章小结

本章应用 Unet、Unet++、Unet3+ 三种深度学习网络模型进行变化检测模型训练、验证和预测，调整网络模型超参数，进行扰动图斑特征提取。从精度评价指标、训练效率、模型预测效果方面，定性定量地评估三种网络算法对扰动图斑的识别效果；分别选择在 Unet、Unet++、Unet3+ 模型训练预测中表现最优的超参数结果进行对比分析，结果显示：在所有精度评价指标上，Unet 模型表现最优，Unet++ 模型次优，Unet3+ 模型最差；三种网络模型的扰动图斑识别均存在一定的边缘破碎、内部漏检问题，Unet 的预测结果最接近于标签图像，Unet++ 和 Unet3+ 模型的预测结果与标签图像存在较大差异，在目标识别策略中的识别问题依然存在甚至更加严重。相比 Unet 模型，Unet++ 模型和 Unet3+ 模型扰动图斑边界分割不清晰、破碎，存在冗余特征误识别，错误地把一些建筑物边缘阴影、空隙以及道路作为伪变化识别，其中以 Unet++ 模型误检现象最为严重。

5 扰动图斑识别策略研究

5.1　目标识别与变化检测精度对比

目标识别与变化检测模型评价结果如表 5-1 所示，从该表数据总体可以得出结论：变化检测识别策略除训练效率稍低于目标识别策略外，其余各个评价指标均更加优秀。

对比三种神经网络模型在两种不同识别策略下的扰动图斑识别效果可知，Unet 模型的效果均为最优。在目标识别策略下的指标数据表现上，Unet3＋模型优于 Unet＋＋模型；在变化检测策略下的指标数据表现上，Unet＋＋模型优于 Unet3＋模型。对具体评价指标进行分析，准确率 Acc 在两种不同识别策略下差距不大，平均交并比 MIoU、Kappa 系数与 F1 分数指标的变化检测识别策略均要明显优于目标识别策略，训练时间的目标识别策略要优于变化检测策略。

如上训练效果差异出现的原因，大致归结如下。

（1）变化检测融合了前后两时相遥感影像作为输入，相比于目标识别包含了更多的数据信息供模型学习挖掘，前后两时相遥感影像能获得更多的邻域对比语义信息，丰富了特征学习的细节，但另一方面也增加了训练时间。

（2）变化检测的数据集样本量要明显大于目标识别数据集，在更大数据集的支撑下模型学习更加充分，避免或减少了训练的过拟合，导致了变化检测的训练效果优于目标识别。

表 5-1　目标识别与变化检测模型评价结果对比

模型	识别策略	准确率 （Acc）	平均交并比 （MIoU）	F1 分数 （F1 Score）	Kappa 系数 （KC）	训练时间
Unet	目标识别	0.951 8	0.845 8	0.913 4	0.826 8	1 h 18 min
	变化检测	0.961 3	0.884 9	0.937 5	0.875 1	2 h 35 min
Unet++	目标识别	0.939 8	0.809 5	0.889 8	0.779 6	1 h 01 min
	变化检测	0.949 6	0.853 3	0.918 5	0.837 0	1 h 34 min
Unet3+	目标识别	0.944 5	0.824 3	0.899 7	0.799 3	6 h 44 min
	变化检测	0.947 3	0.845 0	0.913 3	0.826 6	8 h 30 min

5.2　策略分析

本节针对水土保持生产建设项目扰动图斑提取策略进行分析。

从识别效果上看，目标识别策略与变化检测策略实际上都是像素级语义分割任务，其主要区别在于目标识别策略仅针对单时相遥感影像，而变化检测将前后两时相遥感影像在像素层级上连接在一起作为深度学习训练的输入影像。相比于单时相遥感影像的三个特征输入通道，变化检测识别策略将两时段数据在通道层结合，将特征输入通道增加至六通道。丰富了学习的浅层特征，补充了不同时序下目标邻域的对比语义信息，有利于深度学习神经网络，提取出更全面的深层抽象语义特征信息，提升模型的识别效果。

从水土保持监管的实际工作需求来看，水土保持信息化监管工作中对某些未超过追认年限的未批先建已完工项目仍有监管需求。面对上述实际需求，目标识别策略仅从单时相遥感影像出发，缺失关键的多时序及领域对比信息，无法将非法已完工建设项目同合规建设项目区分出来，极易出现误识别、漏识别的现象。变化检测识别策略能够基于领域、时序对生产建设项目水土保持扰动图像特征进行全面考量，能够显著改善对完工项目性质的认定。

从应用难度上看，变化检测策略虽然总体效果优于目标识别任务，但对两时相遥感影像的预处理工作要求较高，对几何配准、大气校正、直方图匹配、位深同步都有硬性要求，如果无法满足双时相遥感影像的预处理要求，识别效果必然大打折扣甚至使模型无法进行预测识别。与之相比，目标识别基于单时相遥感影像进行扰动图斑的提取，能够从根源上解决双时相遥感影像的配准处理问题，同时训练模型所需的样本标注可以比较方便地继承水土保持监管工作扰动图斑的认定成果，简单处理就可以批量制作训练数据集，无须针对双时相遥感影像对比变化进行图斑细化认定工作，训练的模型能够在当期影像上获得较好的泛化效果。

研究的三种深度学习网络模型中，以 Unet 的识别效果最为优秀稳定，分割边界清晰平滑，误检、漏检情况较少，冗余特征不明显，预测结果接近于标签图像。同时 Unet 网络结构精简，参数量少，训练速度最快，有利于高效应用。而网络架构更复杂、参数量更大的 Unet++ 与 Unet3+ 模型在本书研究的数据集上训练可能产生了过拟合，同时强特征提取能力学习了大量的冗余特征，造成伪变化与错误提取增多，但推测 Unet++ 与 Unet3+ 模型对细节特征更强的提取能力在更高分辨率与更多样本容量的遥感影像数据集上的表现很可能反超 Unet 网络模型。

综上所述，遥感影像质量满足需求、需要精细化认定结果的，可采用变化检测识别策略下的 Unet 深度学习模型作为水土保持生产建设项目扰动图斑提取最优模式；遥感影像质量不佳或仅有单时相遥感影像，需要快速确定扰动区域的，宜采用目标识别策略下的 Unet 网络模型；当训练数据集足够支撑模型训练时，可酌情考虑 Unet++ 与 Unet3+ 神经网络模型。

6

结论与展望

6.1 结论

(1) 生产建设项目水土保持扰动图斑数据集建立

本书依托水土保持生产建设项目监管工作扰动图斑认定成果建立了生产建设项目水土流失扰动图斑目标识别、变化检测数据集，为后续扰动图斑深度学习提取算法研究提供数据支持。

(2) 生产建设项目扰动图斑深度学习提取算法研究

本书详细分析了Unet、Unet++、Unet3+三种深度学习模型的训练和应用过程，分别选取准确率（Acc）、平均交并比（MIoU）、F1分数（F1 score）、Kappa系数（KC）四个指标评价模型训练效果。在目标识别中，Unet模型表现最优，准确率（Acc）为0.9518、平均交并比（MIoU）为0.8458、Kappa系数（KC）为0.8268、F1分数（F1 Score）为0.9134。在变化检测中，Unet模型表现最优，准确率（Acc）为0.9613、平均交并比（MIoU）为0.8849、Kappa系数（KC）为0.8751、F1分数（F1 Score）为0.9375。

(3) 生产建设项目水土保持扰动图斑提取策略研究

本书从识别效果、水土保持监管的实际工作需求、应用难度三方面分析了生产建设项目水土保持扰动图斑提取策略，并结合三种深度学习网络模型特点，提出扰动图斑识别策略，可实现在不同应用场景下对扰动图斑的快速精准提取。

6.2 展望

(1) 本研究中，目标识别训练过程损失函数曲线的下降震荡较大，推断未达到最优参数，后续可调整学习率、学习策略等超参数设置，以进一步优化训练模型。

(2) 运用海量训练样本，提高精度。深度学习样本的标注分类当前属于二分类问题，对地物目标的标注仍有进一步细化的空间，后续可以探究训练样本标注细化程度的进一步提升将对模型识别精度产生怎样的影响。如矿山、厂房、房地产、交通、输变电等项目，它们的扰动特征其实是不一样的。但由于扰动图斑边界不规则、区域模糊、无明显建（构）筑物特征，且因建设周期差异，相同扰动区域遥感影像特征也存在显著差异。此外，部分非扰动区域影像特征与扰动区域影像特征十分相像。因此，有必要通过细化样本标注提高模型识别精度。

(3) 本研究所选用的遥感影像仅有 RGB 三波段，缺失多光谱波段信息，因此，深度学习能否结合提取遥感多光谱典型背景地物波段排除干扰，以提高目标扰动图斑识别精度，是未来可以考虑的研究方向。

参 考 文 献

[1] 李德仁.论21世纪遥感与GIS的发展[J].武汉大学学报(信息科学版),2003(2):127-131.

[2] 李德仁,童庆禧,李荣兴,等.高分辨率对地观测的若干前沿科学问题[J].中国科学:地球科学,2012,42(6):805-813.

[3] WARD J H. Hierarchical grouping to optimize an objective function[J]. Journal of the American Statistical Association,1963,58(301):236-244.

[4] SIBSON R. SLINK:an optimally efficient algorithm for the single-link cluster method[J]. The Computer Journal,1973,16(1):30-34.

[5] DEFAYS D. An efficient algorithm for a complete link method[J]. The Computer Journal,1977,20(4):364-366.

[6] 范驰,江洪.基于随机森林的WorldVew2i影像建筑物精细提取[J].地理空间信息,2016,14(1):58-62.

[7] 杨旭华,彭朋.基于条件随机场和低采样率浮动车数据的地图匹配算法[J].计算机科学,2016,43(S1):68-72.

[8] HEARST M A. Support vector machines[J]. IEEE Intelligent Systems,1998,13(4):18-28.

[9] CORTES C,VAPNIK V. Support-vector networks[J]. Machine Learning,1995,20(3):273-297.

[10] FREUND Y. Boosting a weak learning algorithm by majority[J]. Information and Computation,1995,121(2):256-285.

[11] 何直蒙.基于深度学习的高分辨率遥感影像建筑物提取研究[D].南京:南

京信息工程大学,2022.

[12] 李青,李玉,王玉,等.利用格式塔的高分辨率遥感影像建筑物提取[J].中国图象图形学报,2017,22(8):1162-1174.

[13] 王雷光.基于非模糊均值漂移的高空间分辨率遥感影像区域分割算法研究[D].武汉:武汉大学,2009.

[14] HUANG X, ZHANG L P. An SVM ensemble approach combining spectral, structural, and semantic features for the classification of high-resolution remotely sensed imagery[J]. IEEE Transactions on Geoscience and Remote Sensing,2013,51(1):257-272.

[15] LECUN Y, BOSER B, DENKER J, et al. Backpropagation applied to handwritten zip code recognition[J]. Neural Computation,1989,1(4):541-551.

[16] KRIZHEVSKY A,SUTSKEVER I,HINTON G E. ImageNet classification with deep convolutional neural networks[J]. Communications of the ACM,2017,60(6):84-90.

[17] 龚健雅,季顺平.摄影测量与深度学习[J].测绘学报,2018,47(6):693-704.

[18] RONNEBERGER O, FISCHER P, BROX T. U-net: Convolutional networks for biomedical image segmentation[C]//International Conference on Medical Image Computing and Computer-Assisted Intervention,October 5-9,2015,Munich,Germany. Cham:Springer,2015:234-241.

[19] HE K M, ZHANG X Y, REN S Q,et al. Deep residual learning for image recognition[J]. IEEE,2016. DOI:10.1109/CVPR.2016.90.

[20] XU Y Y,WU L,XIE Z,et al. Building extraction in very high resolution remote sensing imagery using deep learning and guided filters[J]. Remote Sensing,2018,10(1):144.

[21] SINGH A. Review article digital change detection techniques using remotely-sensed data[J]. International Journal of Remote Sensing,1989,10(6):

989-1003.

[22] BRUZZONE L,BOVOLO F. A novel framework for the design of change-detection systems for very-high-resolution remote sensing images[J]. Proceedings of the IEEE,2013,101(3):609-630.

[23] RADKE R J,ANDRA S,AL-KOFAHI O,et al. Image change detection algorithms: A systematic survey[J]. IEEE Transactions on Image Processing,2005,14(3):294-307.

[24] 李德仁.利用遥感影像进行变化检测[J].武汉大学学报(信息科学版),2003(S1):7-12.

[25] MUNYATI C. Wetland change detection on the Kafue Flats,Zambia,by classification of a multitemporal remote sensing image dataset[J]. International Journal of Remote Sensing,2000,21(9):1787-1806.

[26] 李亮,舒宁,王琰.利用归一化互信息进行基于像斑的遥感影像变化检测[J].遥感信息(理论研究),2011(6):18-22.

[27] DESCLÉE B,BOGAERT P,DEFOURNY P. Forest change detection by statistical object-based method[J]. Remote Sensing of Environment,2006,102(1-2):1-11.

[28] WANG W J,ZHAO Z M,ZHU H Q. Object-oriented multi-feature fusion change detection method for high resolution remote sensing image[C]//17th International Conference on Geoinformatics,August 12-14,2009,Fairfax,VA,USA. Piscataway:IEEE,2009:717-722.

[29] 李亮,舒宁,王凯,等.融合多特征的遥感影像变化检测方法[J].测绘学报,2014,43(9):945-953.

[30] ZHAO Z M,MENG Y,YUE A Z,et al. Review of Remotely Sensed Time Series Data for Change Detection[J]. National Remote Sensing Bulletin,2016,20(5):1110-1125.

[31] 李权,周兴社.基于KPCA的多变量时间序列数据异常检测方法研究[J].计算机测量与控制,2011,19(4):822-825.

[32] ASNER G P,KELLER M,PEREIRA R J,et al. Remote sensing of selective logging in Amazonia: Assessing limitations based on detailed observations, Landsat ETM, and textural analysis[J]. Remote Sensing of Environment, 2002,80(3):483-496.

[33] CHEN G,HAY G J,CARVALHO L M T,et al. Object-based change detection [J]. International Journal of Remote Sensing, 2012, 33 (14): 4434-4457.

[34] ZANETTI M,BRUZZONE L. A theoretical framework for change detection based on a compound multiclass statistical model of the difference image[J]. IEEE Transactions on Geoscience and Remote Sensing,2018,56(2):1-15.

[35] BOVOLO F,BRUZZONE L. An adaptive multiscale random field technique for unsupervised change detection in VHR multitemporal images[C]//IEEE International Geoscience and Remote Sensing Symposium, July 12-17, 2009, Cape Town,South Africa. Piscataway:IEEE, 2009:IV-777-IV-780.

[36] 周启鸣.多时相遥感影像变化检测综述[J].地理信息世界,2011,9(2):28-33.

[37] SUI H G,ZHOU Q M,GONG J Y,et al. Processing of multi-temporal data and change detection [M]//Li Z L, Chen J, Baltsavias E. Advances in Photogrammetry, Remote Sensing and Spatial Information Sciences: 2008 ISPRS Congress Book. London:Taylor and Francis Group,2008:227-247.

[38] LI D R. Remotely sensed images and GIS data fusion for automatic change detection[J]. International Journal of Image and Data Fusion,2010,1(1):99-108.

[39] HUSSAIN M,CHEN D,CHENG A,et al. Change detection from remotely sensed images:From pixel-based to object-based approaches[J]. ISPRS Journal of Photogrammetry and Remote Sensing,2013,80(2):91-106.

[40] KARANTZALOS K. Recent advances on 2D and 3D change detection in urban environments from remote sensing data[J]. Computational Approaches

for Urban Environments,2015,13：237-272.

[41] 张良培,武辰. 多时相遥感影像变化检测的现状与展望[J]. 测绘学报,2017,46(10)：1447-1459.

[42] COPPIN P,JONCKHEERE I,NACKAERTS K,et al. Digital change detection methods in ecosystem monitoring：A review [J]. International Journal of Remote Sensing,2004,25(9)：1565-1596.

[43] LU D,MAUSEL P,BRONDÍZIO E,et al. Change detection techniques [J]. International Journal of Remote Sensing,2004,25(12)：2365-2401.

[44] CAO G,LI Y P,LIU Y Z,et al. Automatic change detection in high-resolution remote-sensing images by means of level set evolution and support vector machine classification[J]. International Journal of Remote Sensing,2014,35(16)：6255-6270.

[45] PIJANOWSKI B C,BROWN D G,SHELLITO B A,et al. Using neural networks and GIS to forecast land use changes：A land transformation model [J]. Computers Environment and Urban Systems,2002,26(6)：553-575.

[46] CHEN X W. Using remote sensing and GIS to analyze land cover change and its impacts on regional sustainable development[J]. International Journal of Remote Sensing,2002,23(1)：107-124.

[47] ZHOU L C,CAO G,LI Y P,et al. Change detection based on conditional random field with region connection constraints in high-resolution remote sensing images[J]. IEEE Journal of Selected Topics in Applied Earth Observations and Remote Sensing,2017,9(8)：3478-3488.

[48] CAO G,ZHOU L C,LI Y P. A new change-detection method in high-resolution remote sensing images based on a conditional random field model [J]. International Journal of Remote Sensing,2016,37(5-6)：1173-1189.

[49] GAO F,DONG J Y,LI B,et al. Automatic change detection in synthetic aperture radar images based on PCANet [J]. IEEE Geoscience and Remote Sensing Letters,2016,13(12)：1792-1796.

[50] GENG J,WANG H Y,FAN J C,et al. Change detection of SAR images based

on supervised contractive auto-encoders and fuzzy clustering[C]//International Workshop on Remote Sensing with Intelligent Processing (RSIP),May 18-21,2017,Shanghai,China. Piscataway:IEEE,2017.

[51] GONG M G,ZHAO J J,LIU J,et al. Change detection in synthetic aperture radar images based on deep neural networks[J]. IEEE Transactions on Neural Networks and Learning Systems,2016,27(1):125-138.

[52] ZHANG H,GONG M G,ZHANG P Z,et al. Feature-level change detection using deep representation and feature change analysis for multispectral imagery[J]. IEEE Geoscience and Remote Sensing Letters,2016,13(11):1666-1670.

[53] GONG M G,ZHAN T,ZHANG P Z,et al. Superpixel-based difference representation learning for change detection in multispectral remote sensing images[J]. IEEE Transactions on Geoscience and Remote Sensing,2017,55(5):2658-2673.

[54] SU L Z,GONG M G,ZHANG P Z,et al. Deep learning and mapping based ternary change detection for information unbalanced images[J]. Pattern Recognition,2017,66(1):213-228.

[55] HAY G J,NIEMANN K O. Visualizing 3-D texture:A three-dimensional structure approach to model forest texture[J]. Canadian Journal of Remote Sensing,1994,20(2):90-101.

[56] BAATZ M,SCHÄPE A. An optimization approach for high quality multi-scale image segmentation[C]//Beiträge Zum AGIT-Symposium,2000,Salzburg,Austria. Karlsruhe:Herbert Wichmann Verlag,2000:12-23.

[57] 裴欢,孙天娇,王晓妍.基于Landsat 8 OLI 影像纹理特征的面向对象土地利用/覆盖分类[J].农业工程学报,2018,34(2):248-255.

[58] CAI S S,LIU D S. A comparison of object-based and contextual pixel-based classifications using high and medium spatial resolution images[J]. Remote Sensing Letters,2013,4(10):998-1007.

[59] ZHANG P,LV Z,SHI W Z. Object-based spatial feature for classification of

very high resolution remote sensing images[J]. IEEE Geoscience and Remote Sensing Letters,2013,10(6):1572-1576.

[60] MAHMOUDI F T, SAMADZADEGAN F, REINARTZ P. Context aware modification on the object based image analysis[J]. Journal of the Indian Society of Remote Sensing,2015,43(4):709-717.

[61] JOHANSEN K, ROELFSEMA C, PHINN S. Preface: High spatial resolution remote sensing for environmental monitoring and management[J]. Journal of Spatial Science,2008,53(1):43-47.

[62] ZHOU W Q, TROY A, GROVE M. Object-based land cover classification and change analysis in the baltimore metropolitan area using multitemporal high resolution remote sensing data[J]. Sensors,2008,8(3):1613-1636.

[63] LEFEBVRE A, CORPETTI T, HUBERT-MOY L. Object-oriented approach and texture analysis for change detection in very high resolution images[C]// IEEE International Geoscience and Remote Sensing Symposium, July 7-11, 2008, Boston, USA. Piscataway: IEEE, 2009:633-666.

[64] Chant T D, Kelly M, Huang B. Individual object change detection for monitoring the impact of a forest pathogen on a hardwood forest[J]. Photogrammetric Engineering and Remote Sensing, 2009, 75 (8): 1005-1013.

[65] STOW D. Geographic object-based image change analysis[M]//FISCHER M M, GETIS A. Handbook of applied spatial analysis: Software tools, methods and applications. New York: Springer,2010:565-582.

[66] HUANG J, SHEN S H. Land use change detection using high spatial resolution remotely sensed image and GIS data[J]. Journal of Yangtze River Scientific Research Institute,2012,29(1):49-52.

[67] ZHANG P L, RUAN B L, CHAO J. An object-based basic farmland change detection using high spatial resolution image and GIS data of land use planning [J]. Key Engineering Materials,2012,500:492-499.

[68] TOURE S, STOW D, SHIH H, et al. An object-based temporal inversion

approach to urban land use change analysis[J]. Remote Sensing Letters,2016,7(4-6):503-512.

[69] CHEN Q,CHEN Y H. Multi-feature object-based change detection using self-adaptive weight change vector analysis[J]. Remote Sensing,2016,8(7):549-568.

[70] DURO D C,FRANKLIN S E,DUBÉ M G. A comparison of pixel-based and object based image analysis with selected machine learning algorithms for the classification of agricultural landscapes using SPOT-5 HRG imagery[J]. Remote Sensing of Environment,2012,118(6):259-272.

[71] WANG R S M,ROBERTS S A,EFFORD N D. An object-based approach to integrate remotely sensed data with geodata within a GIS context for land-use classification at urban-rural fringe area[J]. Proceedings of SPIE — the International Society for Optical Engineering,1997,3217:274-283.

[72] 陈扬洋,明冬萍,徐录,等.高空间分辨率遥感影像分割定量实验评价方法综述[J].地球信息科学学报,2017,19(6):818-830.

[73] GONG J Y,SUI H G,SUN K M,et al. Object-level change detection based on full-scale image segmentation and its application to wenchuan earth-quake[J]. Science in China,2008,51(S2):110-122.

[74] BASAEED E,BHASKAR H,HILL P,et al. A supervised hierarchical segmentation of remote-sensing images using a committee of multi-scale convolutional neural networks[J]. International Journal of Remote Sensing,2016,37(7):1671-1691.

[75] 金平伟,黄俊,姜学兵,等.基于深度学习的生产建设项目扰动图斑自动识别分类[J].中国水土保持科学,2022,20(6):116-125.

[76] 伏晏民,曾涛.引入残差和注意力机制的U-Net模型在水土保持遥感监管人为扰动地块影像自动分割中的研究[J].测绘,2022,45(1):16-21.

[77] 舒文强,蒋光毅,郭宏忠,等.基于深度学习理论的山地城市水土保持卫星影像变化图斑提取实践[J].中国水土保持,2022(5):26-29,7.

[78] 张哲晗,方薇,杜丽丽,等.基于编码-解码卷积神经网络的遥感图像语义分

割[J].光学学报,2020,40(3):40-49.

[79] IOFFE S,SZEGEDY C. Batch normalization:Accelerating deep network training by reducing internal covariate shift[C]//Proceedings of the 32nd International Conference on Machine Learning. Lille,France:PMLR,2015:448-456.

[80] RUMELHART D E. Learning internal representations by error propagations [J]. Parallel Distributed Processing,1986,323(2):318-362.

[81] BOTTOU L. Stochastic gradient descent tricks[M]//MONTAVONG,ORR G B, Müller K R. Neural Networks: Tricks of the Trade. Berlin, Heidelberg:Springer,2012,7700(1):421-436.

[82] QIAN N. On the momentum term in gradient descent learning algorithms [J]. Neural Networks,1999,12(1):145-151.

[83] KINGMA D,BA J. Adam:A method for stochastic optimization[J]. Computer Science,2014. DOI:10.48550/arXiv.1412.6980.

[84] RONNEBERGER O, FISCHER P, BROX T. U-net: Convolutional networks for biomedical image segmentation[J]. Medical Image Computing and Computer-Assisted Intervention,2015,9351:234-241.

[85] HUANG G, LIU Z, LAURENS V D M, et al. Densely connected convolutional networks[C]//IEEE Conference on Computer Vision and Pattern Recognition, July 21-26, 2017, Hondulu, USA. Piscataway: IEEE 2017:2261-2269.

[86] ZHOU Z,SIDDIQUEE M M R,TAJBAKHSH N,et al. UNet++:A nested U-net architecture for medical image segmentation[J]. Lecture Notes in Computer Science,2018,11045(1):3-11.

[87] HUANG H M,LIN L F,TONG R F,et al. UNet 3+:A full-scale connected Unet for medical image segmentation[C]//IEEE International Conference on Acoustics, Speech and Signal Processing, May 4-8, 2020, Barcelona, Spain. Piscataway:IEEE 2020:1055-1059.

附 图

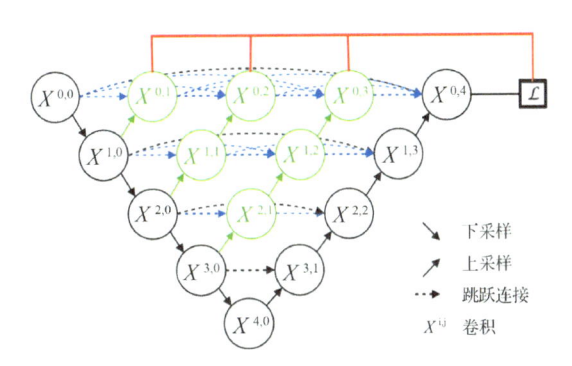

附图 1　Unet＋＋网络结构

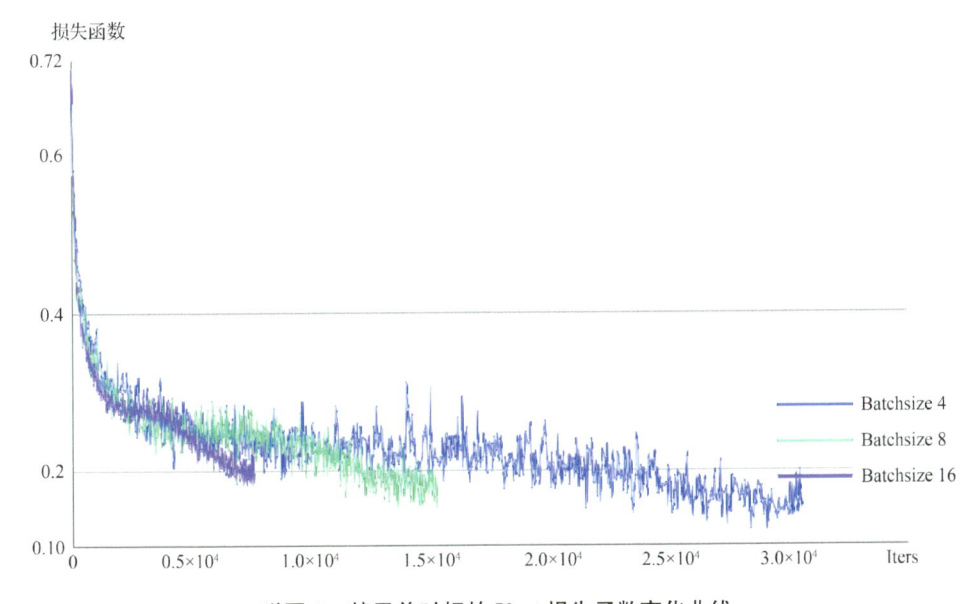

附图 2　基于单时相的 Unet 损失函数变化曲线

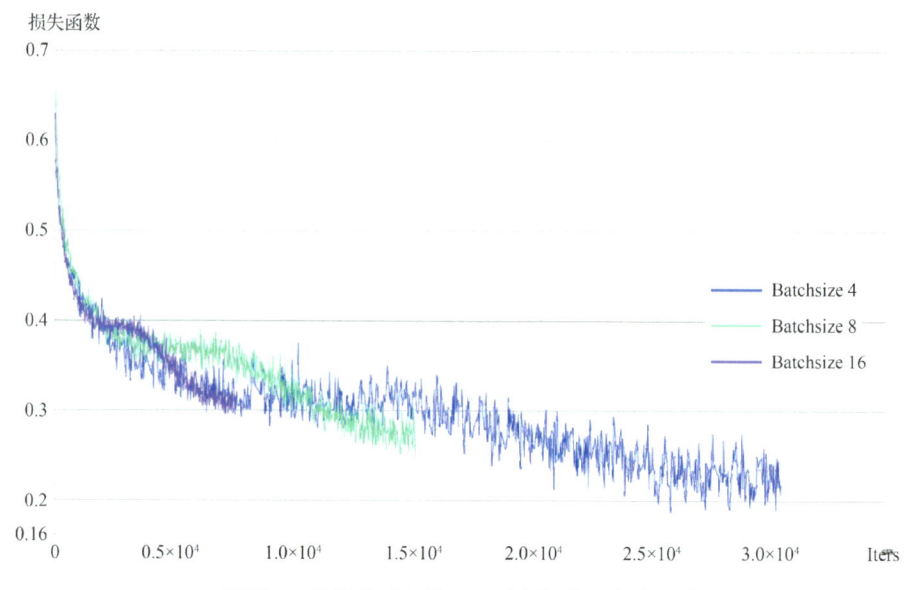

附图 3　基于单时相的 Unet＋＋损失函数变化曲线

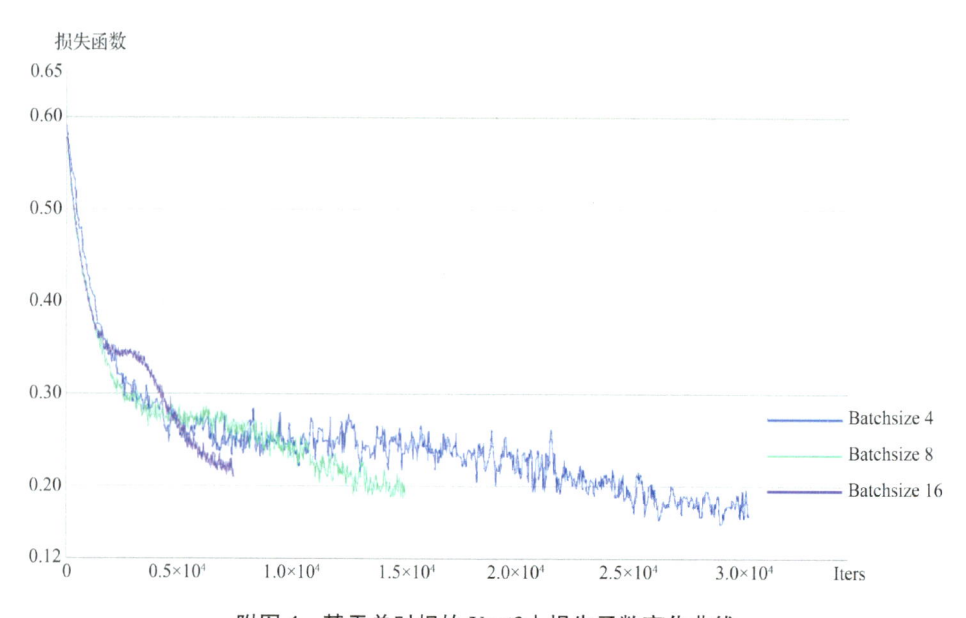

附图 4　基于单时相的 Unet3＋损失函数变化曲线

附 图

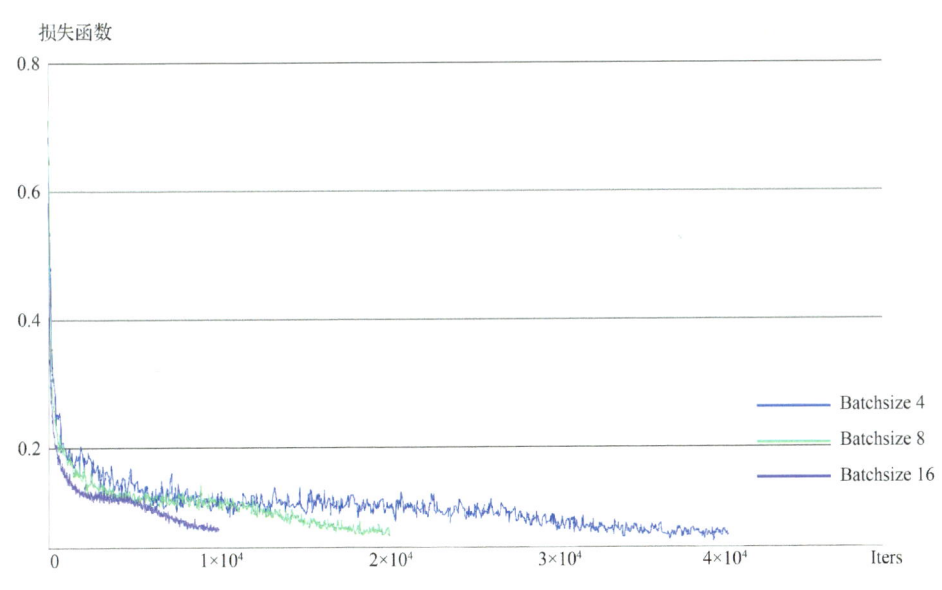

附图 5 基于多时相的 Unet 损失函数变化曲线

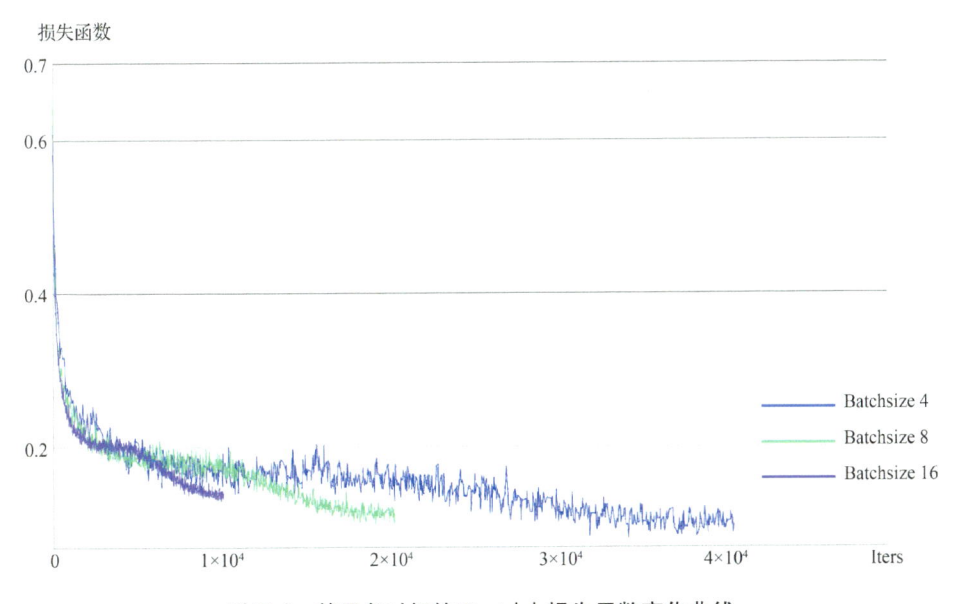

附图 6 基于多时相的 Unet++ 损失函数变化曲线

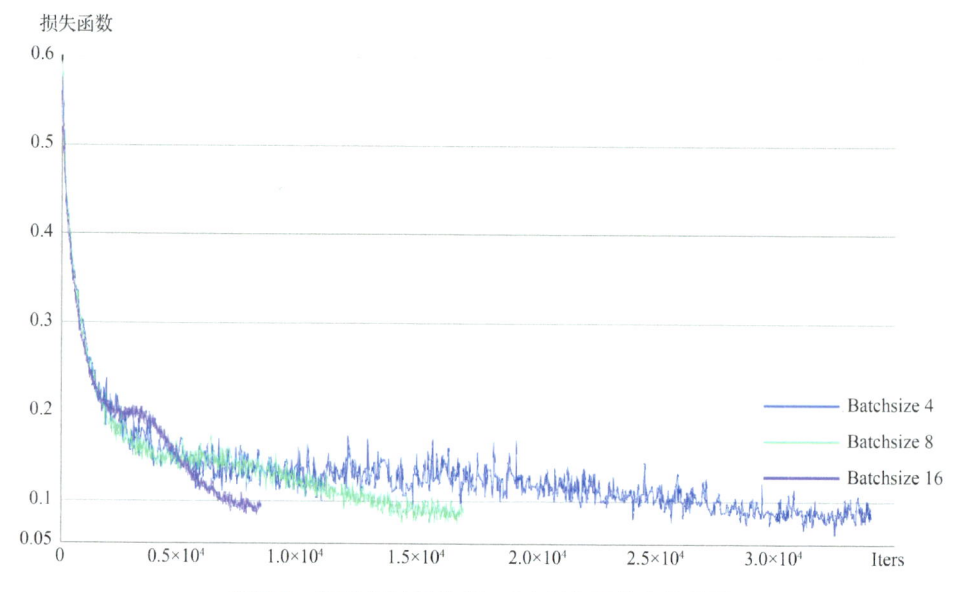

附图7 基于多时相的 Unet3+损失函数变化曲线